AF325814

L'imposture intellectuelle des carnivores

Thomas Lepeltier

L'imposture intellectuelle des carnivores

Max Milo

Aux milliards d'animaux
exécutés chaque année
dans les abattoirs.

Prologue. De la responsabilité des intellectuels

Tous les jours, des millions de cochons, vaches, lapins, agneaux et poules sont tués dans les abattoirs français. Ces animaux terminent ainsi la courte vie qu'ils ont passée, pour la plupart d'entre eux, sans voir la lumière du jour, entassés dans des cages ou enclos minuscules, au sein de baraquements sordides. Quand des films sur le quotidien de ces victimes désignées, ou sur le moment de leur mise à mort, arrivent à être diffusés auprès du public, les images choquent. Presque personne n'est indifférent au sort de ces poules élevées en batterie ; de ces truies enfermées une grande partie de leur vie dans des stalles où elles ne peuvent littéralement pas avancer, reculer et se retourner sur elles-mêmes ; de ces porcelets castrés sans anesthésie ; de ces poussins broyés vivants ou étouffés par milliers dans des grands sacs en plastique ; de ces vaches dont on coupe les pattes alors qu'elles sont encore conscientes ; de ces veaux arrachés à leur mère à la naissance ; et ainsi de suite. Face à ces horreurs, tout le monde a envie de crier : « Arrêtez le massacre ! »

Pourtant, le massacre continue, jour après jour. Près de 1 milliard d'animaux terrestres sont ainsi abattus chaque année en France (plus de 60 milliards dans le monde). Pour les poissons, le nombre est beaucoup plus grand (plus de 1 000 milliards). Devant cette situation, un certain nombre de personnes décident de devenir végétaliennes, c'est-à-dire de s'abstenir de consommer tout produit d'origine animale (viande, poisson, lait, œufs). Cette décision est, pour ces personnes, la seule façon de ne plus être complices de ce grand massacre des animaux. La démarche est tout à fait rationnelle : puisque l'on peut être en bonne santé et très bien manger sans consommer de produits d'origine animale, pourquoi continuer à faire souffrir et à massacrer des millions et des millions d'animaux pour se nourrir ? Depuis quelques années, cette démarche est d'ailleurs relayée par un ensemble croissant d'associations, d'ouvrages, d'articles et de documentaires qui dénoncent eux aussi la consommation de chair animale, d'œufs et de lait pour la simple raison qu'elle entraîne toujours une cruelle exploitation d'animaux inoffensifs, tout en ne répondant à aucune nécessité.

Cette démarche est éminemment politique. Ce n'est pas un choix de régime alimentaire pour se sentir bien dans sa peau. C'est une volonté de ne plus exploiter cruellement des êtres sans défense. Elle s'accompagne d'une revendication très précise : l'abolition des abattoirs, de la pêche et de la chasse. Ce n'est également pas une démarche nouvelle. Cela fait des siècles que des penseurs affirment qu'il est cruel de tuer des animaux quand ce n'est pas nécessaire et qu'il faut, pour cette raison, s'abstenir de les manger. Certes, ce précepte a été très peu suivi. La consommation de viande, de produits laitiers et d'œufs n'a jamais cessé. De nos jours, elle est même en forte croissance dans le monde. Pourtant, au moment même où le massacre des animaux n'a jamais été aussi important, les raisons d'y mettre un terme n'ont jamais été aussi clairement exprimées.

Depuis les années 1970, un courant de pensée que l'on appelle « l'éthique animale » a en effet clarifié les devoirs que nous autres, animaux humains, avons envers les animaux non humains. Même s'il y a encore des sujets de discussion sur des aspects particuliers de nos rapports aux animaux, il est désormais établi que nous ne devons pas tuer et faire souffrir un animal, quand ce n'est pas dans son intérêt ou quand cela ne répond à aucune nécessité. Ce principe est d'ailleurs déjà inscrit dans le droit : si vous vous amusez à broyer des chatons dans un mixeur, à castrer un chien sans anesthésie, à enfermer un cheval toute sa vie dans un enclos minuscule où la lumière du jour ne pénètre pas, vous serez poursuivi par la justice pour mauvais traitement envers un animal. Vous risquez deux ans de prison. Pourquoi donc les pouvoirs publics approuvent-ils que l'on broie vivants des poussins mâles, que l'on enferme toute leur vie des poules dans des cages minuscules et que, chaque année, l'on tranche la gorge à des millions de lapins, agneaux, cochons et vaches sans autre motivation que de flatter les papilles gustatives de millions de consommateurs ?

Avec la diffusion croissante d'images chocs montrant la réalité des abattoirs et avec l'essor d'une réflexion éthique qui met en avant des arguments solidement étayés en faveur du végétalisme, on aurait pu imaginer un rapide développement de ce mouvement. Pourtant, même si le nombre de végétaliens augmente régulièrement, ces derniers restent très minoritaires. Pourquoi ? On pourrait facilement blâmer l'inertie des citoyens qui, même s'ils ne peuvent plus regarder sans frémir une vache se faire découper en morceaux, restent attachés à leur steak. Par respect pour leur tradition gastronomique, par faiblesse devant les plaisirs de la table, par manque de réflexion, ils ne se sentent pas inciter à faire des efforts pour changer leurs recettes de cuisine, alors même que leur éthique personnelle les force à reconnaître que ce qui se passe dans les abattoirs est abominable. Il serait également possible de mettre en cause les responsables de l'industrie alimentaire qui font tout leur possible pour faire oublier aux consommateurs la souffrance qui se cache derrière la viande, le lait et les œufs. Une autre cible pourrait être les hommes et femmes politiques qui ne veulent pas s'en prendre au secteur économique très puissant organisant la production et la distribution de ces aliments. Toutefois, si tous ces acteurs ont incontestablement leur part de responsabilité dans la perpétuation du grand massacre des innocents, ils ne sont pas les seuls à blâmer.

La résistance au changement est également soutenue par un grand nombre d'intellectuels (universitaires, experts, journalistes) qui s'en prennent régulièrement à la cause animale (citons, sans être exhaustif, Jean-Pierre Digard,

Raphaël Enthoven, Luc Ferry, Élisabeth de Fontenay, Périco Légasse, Dominique Lestel, Jocelyne Porcher, Alain Prochiantz, Francis Wolff). À travers des livres, des articles ou en intervenant dans des émissions de radio, ils critiquent, dénoncent et moquent les défenseurs des animaux. Ce n'est pas anodin. En raison de leur influence sur la société, ils marquent les esprits. Comprenez bien. Quand un film est tourné à l'intérieur d'un abattoir et diffusé dans les médias, la plupart des gens sont choqués. Puis, confrontés aux arguments des végétaliens, ils cherchent des réponses. Que penser ? Que faire ? Que manger ? Or voilà que ces intellectuels, même s'ils leur arrivent parfois de déplorer la situation actuelle des animaux dits « de rente », en viennent quand même à légitimer leur massacre. Nos concitoyens en concluent que la situation de ces animaux est triste, qu'elle devrait être améliorée, mais qu'elle n'est pas globalement amenée à changer : les poules, lapins, vaches, agneaux et cochons sont bien destinés à finir dans les assiettes.

Cette accusation n'est pas exagérée. Les prises de position de ces intellectuels visent clairement à critiquer ou empêcher, plus ou moins explicitement, toute velléité de mettre un terme au massacre des animaux. Voici quelques exemples. En 2013, alors qu'il chronique pour l'hebdomadaire *Marianne* le livre du journaliste Aymeric Caron en faveur du végétarisme, *No steak* (Fayard, 2013), le gastronome et lui aussi journaliste Périco Légasse tente de réfuter la thèse de son confrère en affirmant de façon totalement arbitraire et d'une manière intellectuellement très désuète que « manger du steak est le propre de l'homme » ! Il est vrai que le titre de l'article, « Touche pas à ma côte de bœuf ! »[1], ne laisse aucun doute sur l'état d'esprit de son auteur. Du côté des experts, voici Jocelyne Porcher, sociologue à l'INRA (Institut national de la recherche agronomique), connue pour ses critiques de l'élevage industriel. En 2014, interrogée par un magazine spécialisé dans les questions d'environnement pour savoir s'il faut cesser de manger de la viande, elle répond : « [L]a première question à se poser n'est pas s'il faut manger moins de viande, mais comment on peut en manger mieux[2]. » Tout est dit. Enfin, un dernier exemple. La philosophe Élisabeth de Fontenay est l'auteure d'un livre de référence sur la place des animaux dans la philosophie, *Le Silence des bêtes. La philosophie à l'épreuve de l'animalité* (Fayard, 1998). Cet ouvrage lui vaut d'être très courtisée par les médias dès qu'il est question d'apporter un élément de réflexion philosophique sur la condition des animaux. Mais, en 2012, quand une journaliste du magazine *Elle* lui demande si les animaux ont le droit de vivre, voici qu'elle exprime des doutes : « C'est la grande question. Et je vous avoue que je ne sais pas comment y répondre. Car, dès lors qu'il s'agit d'un animal élevé dans le but de nourrir les hommes, il est contradictoire de lui reconnaître le droit à la vie. [...] si les animaux n'étaient plus enfermés dans le cadre effroyable des élevages intensifs [...], ce serait plus

---

1. Périco LÉGASSE, « Touche pas à ma côte de bœuf ! », *Marianne*, 2 février 2013.
2. Jocelyne PORCHER, « La question n'est pas de manger moins de viande, mais comment en manger mieux », *Terra Eco*, 28 avril 2014 (accessible sur http://www.terraeco.net).

supportable de leur prendre leur vie[3]. » En somme, ce qui gêne surtout Fontenay, ce n'est pas que l'on tue les animaux, mais qu'on le fasse de manière industrielle. Quand la journaliste cherche à en savoir plus et lui demande si elle mange de la viande, la philosophe répond : « Oui, mais très peu, et surtout parce que je ne sais pas cuisiner ! » Ceux qui savent cuisiner en concluront qu'ils peuvent légitiment manger plus de viande que la grande philosophe française de la cause animale.

Ce ne sont là que des exemples. Mais ces quelques légitimations du massacre des animaux sont symptomatiques d'une pensée réactionnaire qui domine encore le paysage intellectuel français. Celle-ci s'affiche en effet dans de très nombreux articles de presse, interviews, livres et travaux universitaires. À chaque fois, le principe de base de l'éthique animale qui avance que nous ne devons pas tuer et faire souffrir un animal qui aime profiter de la vie, juste pour notre plaisir, est oublié, mal interprété, ou critiqué. À la place du rappel ou de la défense de ce principe, on peut lire (éventuellement entendre si l'intervention se fait à la radio) des propos qui tentent de justifier la consommation de produits d'origine animale. Que valent-ils ? Selon nous, pas grand-chose : ils ne reposent sur aucun fondement rationnel ; ils défient la logique ; ils encouragent la cruauté. Mais ils confortent une société qui, parce qu'elle ne veut pas changer ses habitudes culinaires, tue sans nécessité une quantité faramineuse d'animaux. Pour cette raison, il nous

---

3. Élisabeth DE FONTENAY, « Pour être humain, il faut aimer les hommes et les animaux », *Elle*, 30 novembre 2012 (accessible sur http://www.elle.fr).

paraît important de les dénoncer haut et fort ; pas pour le plaisir de critiquer, mais dans l'espoir que cette mise au point contribue à faire cesser la grande boucherie et serve à lancer un débat constructif sur la place des animaux dans la société. Voilà pourquoi ce livre se propose de faire une critique argumentée et systématique des inepties des « intellectuels » français hostiles à l'éthique animale. Il veut ainsi dénoncer l'imposture des intellectuels carnivores ou, ce qui revient un peu au même, l'imposture intellectuelle des carnivores[4].

---

4. Tout au long de ce livre, nous défendons la thèse que le végétalisme est la seule position éthique légitime en matière d'alimentation. Mais nous utilisons parfois le mot de végétarisme afin de faire écho aux propos des intellectuels que nous commentons. Pour la même raison, il nous arrive de parler de véganisme, sans aborder les questions relatives à l'exploitation des animaux à des fins non alimentaires. Il va de soi que celle-ci pose aussi de graves problèmes éthiques. Toutefois, pour ne pas nous disperser, nous ne les abordons pas.

L'OUBLI DE L'ÉTHIQUE

« Science sans conscience n'est que ruine de l'âme. » Incontestablement, de nos jours, cette formule de l'humaniste François Rabelais illustre parfaitement l'attitude d'un très grand nombre de nutritionnistes. Lisez en effet leurs articles ou leurs livres, écoutez-les à la radio ou regardez-les à la télévision : ils prodiguent mille conseils pour bien se nourrir, mais jamais ne prononcent ou n'écrivent un mot sur l'éthique. Une telle négligence fait frémir. Prenez Jean-Michel Lecerf, chef du service « Nutrition » à l'institut Pasteur de Lille. Chercheur reconnu, il est régulièrement invité dans les médias pour donner son avis sur la nourriture. Dans ce rôle, il conseille souvent aux Français de consommer davantage de lapins[5]. La recommandation n'est peut-être pas absurde quand on s'intéresse uniquement aux qualités relatives des viandes. Cela dit, pour toute

---

5. Par exemple, Jean-Michel LECERF, « Il n'y a pas de mauvaises viandes », *Le Figaro*, 30 avril 2015 (accessible sur http://sante.lefigaro.fr).

personne ayant un minimum de conscience, elle est plus que dérangeante.

Il faut en effet savoir – et Lecerf ne devrait pas l'ignorer – que le lapin est un des animaux de rente les plus maltraités en France. De fait, la quasi-totalité des lapins qui sont de nos jours consommés (c'est-à-dire 99 % des 40 millions de lapins abattus chaque année) vient d'élevages industriels pour lesquels la réglementation est des plus minimalistes. Ces millions de lapins sont donc entassés dans des cages grillagées situées dans des bâtiments où, bien souvent, la lumière du jour ne pénètre pas, où ils peuvent à peine se déplacer, où les fils de fer du sol de leur cage leur blessent les pattes et où environ 20 % d'entre eux meurent avant l'abattoir. Or Lecerf, sans dire un mot sur la provenance des lapins, voudrait que l'on en consomme davantage ! Si sa recommandation était suivie, demain ce ne serait pas 40 millions de lapins qui seraient martyrisés, mais 45, 50, voire plus. À se demander si Lecerf n'a pas perdu son âme...

L'excuse de la supériorité humaine

L'oubli de l'éthique n'est pas propre aux nutritionnistes. La plupart des défenseurs de l'ordre établi y font peu attention. Prenons l'exemple de Jean-Pierre Digard, anthropologue, directeur de recherche émérite au CNRS, spécialiste de la domestication des animaux. Son statut et sa spécialité lui valent d'être souvent sollicité quand il est question de débattre de la condition animale. Par exemple, récemment, il a été invité à participer à un débat grand public sur le statut des animaux, organisé par l'École d'ingénieur AgroParisTech (octobre 2014). Il a également eu droit à un portrait dans le magazine *Sciences Humaines* (juin 2013) pour présenter ses idées sur le rapport de la société aux animaux[6]. Enfin, en septembre 2016, il est venu prêter main-forte au magazine *Causeur* pour un dossier presque intégralement à charge contre les végétaliens[7]. C'est ainsi une voix qui se fait entendre en France.

Or, dans ses interventions, Digard cherche avant tout à discréditer les défenseurs des animaux, allant jusqu'à affirmer, dans un article de 2012, que « les thèses animalistes [...] se montrent porteuses des germes d'un nouvel obscurantisme[8] » ! La charge est forte. Il faut dire que Digard n'aime pas que l'on se soucie du bien-être des animaux. Dans l'article de *Sciences Humaines*, on peut ainsi lire qu'il ressent « plus d'indignation à voir traiter les chiens ou les chevaux comme des bébés qu'à assister à une corrida[9] ». Dans un article de 2009, il regrette même que l'INRA fasse référence au bien-être des animaux. Il se justifie en avançant que ce concept de bien-être animal « échappe à toute définition scientifique et qu'il est par conséquent instrumentalisable à des fins extra-scientifiques[10] ». Parler du « bonheur » ou de la « joie de vivre » d'un animal serait

---

6. Jean-Pierre DIGARD, « Résolument spéciste », *Sciences Humaines*, n° 249, juin 2013.

7. *Id.*, « L'animalisme est un antihumanisme » [Dossier : « Restons humains, mangeons de la viande »], *Causeur*, n° 38, septembre 2016.

8. *Id.*, « Le tournant obscurantiste en anthropologie. De la zoomanie à l'animalisme occidentaux », *L'Homme*, n° 203-204, 2012, p. 569.

9. *Id.*, « Résolument spéciste », *op. cit.*, p. 8-9.

10. *Id.*, « Raisons et déraisons. Des revendications animalitaires. Essai de lecture anthropologique et politique », *Pouvoirs*, n° 131, 2009, p. 103.

en effet, selon lui, trop « entaché d'anthropomorphisme ». Pourtant, il suffit de regarder un chien aller se promener avec son compagnon humain pour comprendre qu'il éprouve du plaisir à courir et gambader. Mais, pour avoir l'air savant tout en niant l'évidence, Digard parle de risques d'anthropomorphisme !

L'autre raison qui le pousse à rejeter la notion de bien-être animal est que, selon lui, celle de santé suffit : « Si le [bien-être animal] correspond à un bon état de santé des animaux, cette notion n'est pas nouvelle : les éleveurs parlent depuis déjà fort longtemps d'animaux "en état" et aucun d'eux (à l'exception de quelques professionnels incompétents [...]) ne serait assez inconséquent pour mettre sur le marché des animaux pas "en état" qu'il risque de mal ou de ne pas pouvoir vendre ! [p. 103] ». Dans ce passage hallucinant, Digard assimile presque les animaux de rente à des objets dont il faudrait juste s'assurer de leur « état », un peu comme un vendeur de voitures d'occasion s'assure de leur état avant de les remettre sur le marché. Pourtant, pas besoin d'être un spécialiste de l'élevage pour savoir qu'un animal ayant eu une vie de misère peut encore être comestible et donc commercialisable.

Ces propos cyniques de Digard ne sont pas une simple maladresse. Ils servent à justifier l'exploitation des animaux dont il n'envisage ni ne souhaite la fin. Pour se donner des allures de « grand sage », il la présente un peu comme une nécessité historique et sociétale. Il écrit ainsi que la « raison » pour laquelle il faut s'opposer aux revendications des défenseurs des animaux « tient à un principe de réalité [selon lequel] ce qui ne va pas dans le sens de l'intérêt de l'homme n'a aucune chance d'être retenu et de s'inscrire dans la durée [p. 105] ». Deux siècles plus tôt, on imagine le Digard de l'époque affirmer qu'il ne servirait à rien de chercher à mettre un terme à l'esclavage des Noirs puisque les sociétés blanches et esclavagistes privilégieront toujours leurs intérêts !

D'ailleurs, les accointances entre la pensée de Digard et celle des esclavagistes ne s'arrêtent pas là. De la même manière que ces derniers avaient une vision hiérarchique des « races » humaines, il estime qu'il y a une « supériorité de fait de l'espèce humaine par rapport aux autres espèces ». Selon lui, ce serait même un « fait » qui aurait été constaté scientifiquement : « Cette supériorité [de l'espèce humaine], résultat d'un processus d'évolution étalé sur quelque vingt-cinq millions d'années, n'est pas un credo créationniste, mais un constat scientifique [p. 105]. » Or la proposition est absurde : aucun discours scientifique moderne ne recourt à cette notion de supériorité. Il y a certes des différences entre les espèces ou entre les individus. Mais une différence dans tel ou tel domaine ne signifie pas une supériorité en général.

Oubliant de réfléchir sérieusement à l'éthique, Digard comprend également de travers la notion d'antispécisme qui sert souvent à justifier le végétalisme. Rappelons que, selon cette notion, l'espèce à laquelle appartient un individu n'est pas un critère moral pertinent pour décider de la manière dont on doit le traiter. Ce sont les caractéristiques et intérêts propres de cet individu qu'il faut prendre en compte. On peut bien sûr être végétalien pour des raisons éthiques sans être antispéciste. Il suffit de considérer que les animaux ont une valeur morale. Mais un antispéciste se doit d'être végétalien. Inversement, un spéciste justifie toute sorte d'exploitation des animaux par le simple fait qu'ils ne sont pas humains. Il opère donc une discrimination arbitraire. Or, dans son article de 2009, Digard estime que « l'antispécisme [est amené] à mettre en accusation et à diaboliser l'homme, et à se muer ainsi en un spécisme antihumain[11]. » L'affirmation est absurde car l'antispécisme incite à ouvrir le cercle de la moralité aux animaux sensibles et non à en exclure les humains. Pourquoi donc irait-il « diaboliser l'homme[12] » ? C'est en réalité Digard qui diabolise les végétaliens à coups de contresens. Il en fait encore l'illustration en écrivant qu'ils « revendiquent, [...] au nom de l'antispécisme, un traitement égal pour les animaux et les humains [p. 97] ». C'est faux. Si les végétaliens antispécistes estiment qu'il faut avoir une égale considération envers tous les animaux sensibles (humains et non humains), ils considèrent qu'il faut les traiter en fonction de leurs intérêts. Concrètement, cela veut dire qu'il n'y a pas à donner le droit

---

11. *Id.*, « Raisons et déraisons... », *op. cit.*, p. 104.
12. Jean-Pierre Digard reprend cette idée absurde dans son article plus récent paru dans le magazine *Causeur* (voir *supra*). En y faisant explicitement référence, la journaliste Élizabeth Lévy peut alors se laisser aller à écrire dans le même numéro du magazine : « À force de se priver de viande, on finit souvent par bouffer de l'homme. » Ainsi se construisent les cabales antivégétaliens, à coups de non-sens ! Voir Élizabeth LÉVY, « La ferme des animalistes », *Causeur, op. cit.*, p. 51.

de vote à un cochon qui ne saurait en faire usage, mais qu'il faut respecter son intérêt à ne pas être maltraité.

Dans son article de 2012, Digard récuse également l'analogie courante entre spécisme (qu'il appelle parfois « espécisme ») et racisme. Il estime que les deux notions n'ont « rien de comparable : alors que le racisme tient son caractère monstrueux de la non-existence des races chez l'homme, l'espécisme est absurde, puisque les espèces existent bel et bien ». Ce à quoi il ajoute : « L'anti-espécisme n'est donc rien d'autre qu'un choix philosophique, qui cherche à se justifier *a posteriori* par des arguments scientifiques mal compris ou volontairement falsifiés : homme et chimpanzé présentés comme presque semblables en vertu de leurs 98 % de gènes communs (en oubliant les 2 % de gènes qui ne sont pas communs, les "gènes clés" ou "gènes commutateurs", qui font toute la différence)[13]. » Digard veut manifestement faire le malin avec sa science. Malheureusement pour lui, la raison pour laquelle le racisme est monstrueux n'est pas l'inexistence des races. Même si elles existaient, le racisme resterait contestable dans la mesure où il consisterait à opérer des discriminations sur un critère non pertinent (la race, justement). Dans le traitement d'un individu, il faut prendre en compte ses intérêts et ses caractéristiques individuelles, pas sa race. Par exemple, si une personne démontre qu'elle a les capacités d'entrer à l'université, il n'y a pas de raison de lui en interdire l'accès, qu'elle soit

---

13. Jean-Pierre DIGARD, « Le tournant obscurantiste en anthropologie... », *op. cit.*, p. 559.

« blanche », « noire » ou « jaune ». L'antiracisme n'a rien à faire de la notion de race[14].

De la même façon, l'antispécisme ne s'intéresse pas à la proximité génétique de certaines espèces animales avec l'espèce humaine. Ce n'est pas parce que les chimpanzés diffèrent des êtres humains par seulement 2 % de leurs gènes que les antispécistes ne veulent pas qu'on les chasse pour les manger. C'est simplement parce que ces primates ont un intérêt à vivre et que l'on peut se nourrir de bien d'autres choses. Certes, la prise de conscience de cette ressemblance génétique peut sensibiliser les êtres humains au sort de ces grands singes. Mais la considération qui leur est due ne repose pas sur cette proximité. Si demain des extraterrestres, dont la structure biologique n'aurait presque rien en commun avec celle des êtres humains, arrivaient sur terre, ne serait-il pas monstrueux de les mettre en esclavage – si bien sûr nous en avions la possibilité en dépit de leur puissance technologique ? Inversement, ne trouverions-nous pas abominable que ces extraterrestres utilisent ce prétexte d'une absence de proximité génétique pour chasser les humains comme du gibier ? Bref, à l'instar de l'antiracisme, l'antispécisme ne se fonde sur des similarités biologiques. Comme le note justement Digard, c'est avant tout « un choix philosophique ». C'est le choix de la justice

---

14. Une critique de cet argument de Jean-Pierre Digard se trouve également dans David CHAUVET, « Les animaux, ces êtres de raison », dans *La Raison des plus forts. La conscience déniée aux animaux*, sous la direction de Pierre JOUVENTIN, David CHAUVET et Enrique UTRIA, Éditions Imho, 2010, p. 45-47.

à l'encontre de ceux qui, sous le prétexte fallacieux d'une supériorité humaine, s'arrogent le droit de faire souffrir et tuer des animaux pour leur bon plaisir.

Une contradiction de complaisance

Les malentendus sur la notion d'antispécisme ne sont pas propres à Digard. Il y a en effet chez certains intellectuels français comme une volonté de ne pas comprendre. Par exemple, en 2013, quand un journaliste du *Nouvel Observateur* interroge Élisabeth de Fontenay sur l'impressionnante activité éditoriale actuelle (livres, revues, articles, films) autour de la question animale, la philosophe répond : « [C]'est [...] une question un peu trop à la mode, et je vois parfois dans cet intérêt envahissant pour les animaux un déni de l'histoire et une manière d'échapper au politique[16]. » Le propos est étonnant quand on sait que ce questionnement autour des animaux est éminemment politique.

En tout cas, le journaliste poursuit en lui faisant remarquer que, dans son ouvrage *Le Silence des bêtes*, elle souligne que la plupart des grands écrivains et penseurs juifs qui ont connu le monde concentrationnaire et les camps de la mort ont écrit des choses bouleversantes sur la souffrance animale. Fontenay avance alors que cette analogie ne peut être faite que par les écrivains : « [S]eule la littérature peut oser des analogies qu'on ne doit pas se permettre en tant qu'idéologue ou militant. [À] mon avis il ne faut pas faire

15. Élisabeth DE FONTENAY et Akira MIZUBAYASHI, « Qu'allons-nous faire des animaux ? », *Le Nouvel Observateur*, 18 avril 2013 (accessible sur http:// bibliobs.nouvelobs.com).

de livres sur les animaux quand on n'est pas un écrivain. [...] La seule manière de sauvegarder le mystère animal, c'est la littérature. » Autrement dit, voilà une philosophe qui s'interdit de penser l'analogie qui pourrait exister entre la façon dont les animaux sont traités de nos jours et celle dont les Juifs ont été exterminés. Elle préfère laisser cette comparaison aux seuls écrivains. Pourquoi ? Elle ne le dit pas. Une analogie peut être plus ou moins pertinente, donc plus ou moins utile pour la réflexion. Mais, pour le savoir, il faut commencer par y réfléchir. En laissant son usage aux seuls écrivains, Fontenay donne l'impression qu'elle a peur d'être engagée par les conclusions qu'elle pourrait tirer de cette analogie si elle s'avérait pertinente. C'est, en quelque sorte, un refus de penser.

Ce renoncement explique les malentendus qui parsèment ses propos. Par exemple, en 2013, dans un livre d'entretiens avec la journaliste Karine Lou Matignon, elle reconnaît que les animaux ont des droits[16]. En même temps, un peu comme Jean-Pierre Digard, elle estime qu'il « existe une hiérarchie animale [p. 103] » ou encore qu'il y a « une échelle des vivants, selon la nature ou le degré de leur organisation [p. 111] ». Elle en déduit qu'« il faut consentir à cette hiérarchie, sans quoi [...] on s'expose à réclamer pour l'oie ce qu'on réclame pour la vache [p. 111] ». Le propos est troublant. Pourquoi faut-il nécessairement adopter une vision hiérarchique pour ne pas réclamer la même chose pour l'oie et la vache ? Ne

---

16. Élisabeth DE FONTENAY, « Les animaux considérés », dans Karine Lou MATIGNON (dir.), *Les animaux aussi ont des droits*, Éditions du Seuil, 2013, p. 118.

suffit-il pas de reconnaître que ces animaux ont des intérêts différents. Ensuite, Fontenay ne dit jamais ce que sont ces droits dont les animaux devraient bénéficier. D'un côté, il lui arrive d'affirmer que la souffrance des animaux « devrait leur être systématiquement épargnée [p. 115] ». Pourtant, d'un autre côté, elle continue à affirmer que l'on peut les élever pour les manger, alors que cela ne peut pas se faire de manière indolore.

Si Fontenay rend perplexe ses lecteurs, c'est finalement qu'elle tient des propos où on la sent toute prête à reconnaître qu'il ne faut pas tuer les animaux mais où, en même temps, elle s'y refuse on ne sait trop pourquoi. Ainsi, quand Matignon lui demande si les animaux ont « un intérêt à rester en vie », Fontenay répond : « Si, bien sûr, ils ont intérêt à rester en vie, qui pourrait le dénier ? [p. 154] » De même, quand elle se demande « à quel titre nous nous octroyons le droit de tuer des animaux, de chasser, de pêcher », elle répond qu'il « n'y a pas de réponse à cette question [p. 152] ». Avec de tels propos, elle pourrait être favorablement accueillie par les défenseurs des animaux. Pourtant, Fontenay ne cesse de les vilipender. Elle écrit, par exemple : « Certains promoteurs de la « personnalité animale » [...] ont [...] un lourd passé antidémocratique [p. 101-102]. » L'accusation est gratuite et sans fondement. Qui, chez les grands promoteurs de la « personnalité animale », serait antidémocratique ? Son dénigrement est également manifeste quand elle dit tenir l'antispécisme « pour politiquement dangereux [p. 127] ». Pourquoi tant de hargne à dénoncer ceux qui ne veulent plus que l'on égorge les agneaux ? La réponse est toute simple : Fontenay semble ne pas tolérer que ces personnes soulignent l'immoralité qu'il y a à consommer des produits d'origine animale puisque, de son côté, elle « ne pratique pas le végétarisme [p. 155] ».

Au moins, elle reconnaît sa contradiction : « [M]a méfiance à l'égard de la radicalité éthique [celle des végétaliens et des végétariens] ne m'empêche pas de voir une hideuse contradiction [...] entre les soins attentifs qui pourvoient quotidiennement aux besoins des bêtes et la finalité ultime de ces soins, à savoir l'abattage [p. 154]. » Percevoir cette contradiction n'a rien d'exceptionnel. Il arrive souvent que des consommateurs de produits d'origine animale reconnaissent eux aussi qu'il y a une contradiction entre, d'un côté, leur désir de ne pas faire souffrir et de ne pas tuer des animaux quand ce n'est pas nécessaire et, d'un autre côté, leur manque de prise en compte de ce désir au moment de passer à table. Mais la contradiction de Fontenay est beaucoup plus grave. En tant que philosophe reconnue, souvent invitée à s'exprimer et très écoutée, elle légitime cette contradiction. Elle laisse entendre que l'on peut vivre avec et que ce n'est donc pas si grave d'égorger les animaux[17]. En somme, elle donne un très mauvais exemple à tous ceux qui sont travaillés par cette contradiction et cherchent une issue pour s'en sortir.

---

17. Notons, avec consternation, que la philosophe Vinciane Despret dit explicitement qu'il n'y a pas de problème à vivre « dans le malaise » suscité par cette contradiction ! Émission *Les Chemins de la philosophie* : « Faut-il manger les animaux ? », 2 février 2017, France Culture (accessible sur https:// www.franceculture.fr).

L'appel à la cruauté

Tristement, la contribution de la plupart des confrères ou consœurs d'Élisabeth de Fontenay n'est pas de meilleure qualité. Prenons Francis Wolff, philosophe lui aussi reconnu et respecté, professeur émérite à l'École normale supérieure de la rue d'Ulm à Paris. Sa marque de fabrique, si l'on peut dire, consiste à tenter de redéfinir un propre des êtres humains, ou ce qu'il appelle « de l'homme », oubliant que ce terme pour qualifier notre espèce est quelque peu sexiste. Sans trop de surprise, il met en avant la complexité de l'intelligence humaine. La démarche n'est pas absurde mais semée d'embûches dans la mesure où toute espèce possède des caractéristiques qui la distinguent, de façon plus ou moins nette, de toutes les autres. Affirmer que l'être humain n'est pas un animal comme les autres ne vaut pas mieux que d'affirmer que le lion se distingue des autres animaux ou que le puceron a une spécificité dans le règne animal. De toute façon, qu'est-ce qui ferait que ce propre de l'être humain justifie que ce dernier ait le droit d'égorger les autres animaux pour son plaisir?

Pour Wolff, la réponse passe par une supposée réfutation de l'utilitarisme de Peter Singer, l'auteur de *La Libération animale* (1975) qui a joué un rôle important dans le développement de l'éthique animale à partir des années 1970. Selon l'utilitarisme, un acte est moral si, dans une situation donnée, il contribue à augmenter la quantité de plaisir (ou inversement à diminuer la quantité de souffrance) qu'éprouvent les personnes concernées, animaux inclus. Or Singer constate que la souffrance que l'on inflige à ces derniers pour produire de la viande, des œufs ou du lait ne peut être contrebalancée par les petits plaisirs fugaces que nous en retirons, d'autant plus que l'on peut facilement retrouver ces plaisirs de table avec une alimentation végétalienne. Il en conclut qu'il faut arrêter de consommer des produits d'origine animale. Cette approche peut bien sûr être critiquée. D'ailleurs, d'autres grandes figures de l'éthique animale, comme Tom Regan ou Gary Francione, l'ont explicitement rejetée. Selon eux, c'est simplement parce que la plupart des animaux ont des intérêts (notamment, un intérêt à ne pas souffrir et à ne pas être tués) qu'ils ne doivent pas être traités comme des moyens en vue d'une fin et, en l'occurrence, ne doivent pas être considérés comme des biens consommables. Malgré leurs différences, ces penseurs arrivent donc tous à la conclusion que le végétalisme est une obligation morale. Dans ces conditions, il est difficile de comprendre comment une réfutation de Singer suffirait à justifier, comme le pense Wolff, la consommation de produits d'origine animale[18]. De toute façon, la critique que Wolff fait de l'utilitarisme tombe à plat.

Par exemple, dans un article de 2009, Wolff écrit à propos de la pêche que les personnes qui, tout en étant conscientes

---

18. Certes, Francis Wolff évoque Tom Regan et Gary Francione dans son livre *Notre humanité. D'Aristote aux neurosciences* (Fayard, 2010). Le problème est qu'il ne cite, sauf erreur de notre part, qu'une seule fois le premier, sans analyser ses arguments. Quant au second, il n'est abordé qu'à propos de son idée de stériliser les animaux de compagnie et domestiques qui, selon lui, risquent autrement de toujours être exploités. Mais, sans discuter les arguments de Francione, Wolff se contente de dire que cette idée est une absurdité caractéristique de l'antispécisme. Le procédé est d'autant plus cavalier que cette idée est loin d'être reprise par tous les antispécistes.

que les poissons souffrent quand ils sont attrapés par un hameçon, continuent à pêcher sont « plus rationnelles » que celles qui s'abstiendraient de pratiquer ce loisir. La raison qu'il en donne est que les pêcheurs « se demanderont, à tout prendre, en quoi le sort de ces brochets, pour malheureux qu'il soit, serait plus terrible que celui de leurs congénères, dévorés par de plus gros poissons [...]. Après tout, se diront-ils, n'est-ce pas le sort des petits poissons d'être mangés par de plus gros – ou par l'animal appelé homme ? Et on ne saurait leur donner tort[19] ». L'argument est stupéfiant. Voilà un professeur de philosophie qui écrit que l'on peut s'amuser à faire souffrir les animaux puisque, de toute façon, ils risquent de souffrir dans leur environnement naturel !

Poursuivant sur sa lancée, Wolff prétend que le « calcul » utilitariste n'est pas d'un grand secours en matière d'éthique étant donné que l'on « compare l'incomparable » : comment comparer la souffrance du poisson pris à l'hameçon à celle du pêcheur frustré de n'avoir plus le droit de pêcher ? Reconnaissons qu'il est très difficile, pour ne pas dire impossible, de quantifier précisément la somme des souffrances et plaisirs résultant d'une action. Cela dit, il faut faire preuve de mauvaise foi pour sous-entendre que la frustration du pêcheur pourrait être équivalente, en termes de degrés de souffrance, à la douleur du poisson suspendu à un hameçon puis agonisant sur le bord d'une rivière ou le pont d'un bateau. Il y a certes des situations plus délicates à évaluer.

19. Francis WOLFF, « Des conséquences juridiques et morales de l'inexistence de l'animal », *Pouvoirs*, n° 131, 2009, p. 144-145.

Comme le mentionne Wolff : « [C]omment comparer le mal du loup mourant de faim et celui de l'agneau dévoré ? [p. 145] » Mais cette question n'a aucune incidence sur la question du végétarisme : quelle que soit la réponse à cette problématique du loup et de l'agneau, il est évident que l'on fera moins souffrir d'êtres sensibles en passant à une alimentation végétalienne. Nous ne sommes pas des loups. Pourquoi donc continuer à massacrer des agneaux pour se nourrir ?

Dans son livre *Notre humanité*, Wolff prétend aussi avoir décelé une contradiction de l'antispécisme : « L'antispécisme n'a pas besoin qu'on le réfute : il le fait très bien tout seul parce qu'il entre nécessairement en contradiction avec ses propres principes. » Son idée est que si l'être humain « doit être moralement antispéciste, alors il est *a fortiori* moralement spéciste [puisqu'il] tire ses normes et ses valeurs des caractères propres à son humanité ». Plus loin, Wolff reformule cette idée d'une manière légèrement différente : « L'antispécisme est une contradiction pragmatique [...]. Dire qu'une seule espèce *doit* être antispéciste, c'est exactement comme si l'on disait [...] seule telle race (la « blanche », par exemple) ne doit pas être raciste – ce qui est évidemment absurde. » Pour expliquer son propos Wolff précise : « Si l'on ne doit pas faire de discrimination en fonction de la race, c'est parce qu'on doit traiter tous les hommes également. Mais là s'arrête nécessairement l'égalitarisme. Car aucun type d'universalisme ne peut par hypothèse être étendu à toutes les espèces animales (et les rats ? et les poux ?), encore moins à toutes les espèces vivantes (devrait-on cesser d'utiliser des antibiotiques ?). Au-delà de la limite de l'humanité, l'égalitarisme entre en contradiction avec lui-même[20]. »

Malheureusement pour Wolff, il est facile de remarquer que de tels propos sont de l'enfumage, au sens où ils relèvent de la désinformation et de la manipulation. D'abord, où a-t-il lu que, selon les antispécistes, « une seule espèce *doit* être antispéciste » ? L'antispécisme est un principe de non-discrimination à l'encontre des autres espèces animales que la sienne. L'idéal serait que tous les individus de toutes les espèces l'adoptent. Il est évident qu'on en est loin. C'est dommage. Un lion chassera plutôt une gazelle qu'un autre lion. Mais cela ne rend pas l'antispécisme contradictoire. C'est un peu comme si Wolff disait que l'exigence de bonté est absurde parce que seuls les humains peuvent en faire une règle de vie ! Quant à son analogie avec le racisme, elle n'éclaire rien. Quand bien même il n'y aurait qu'un seul groupe d'humains (peuple, ethnie, etc.) à refuser le racisme, cette démarche n'aurait rien d'absurde. Elle serait même d'autant plus louable qu'ils seraient seuls à poursuivre cet idéal. Ensuite, concernant l'égalitarisme, où Wolff a-t-il lu que les antispécistes voulaient inclure dans le cercle de la moralité les bactéries et, d'une manière générale, « toutes les espèces vivantes » ? Ils n'y intègrent que les êtres sensibles. Cet égalitarisme consiste juste à dire que, de la même manière que l'on ne doit pas mettre à mort un humain sans

---

20. *Id., Notre humanité, op. cit.*, section « Notre humanité dans le miroir antispéciste », chap. 10 (format électronique consulté).

raison impérieuse, on ne doit pas tuer, par exemple, un agneau sans nécessité. Où est la contradiction ?

N'ayant pas peur de l'outrance, en 2012, Wolff accuse les défenseurs des animaux de ne pas valoir mieux que ceux qui les plongent dans l'enfer de l'industrie : « Il y a en effet deux formes de barbarie possible et opposées dans notre traitement des animaux : les réduire à des choses (c'est ce que font certaines formes d'élevage industriel) et les élever au statut de personnes (c'est ce que prône l'animalisme, l'idéologie que je dénonce). À force de vouloir considérer les animaux comme des personnes, on finit forcément par considérer les personnes comme des animaux[21]. » Bien sûr, ces propos n'ont pas de sens. Pourquoi respecter les intérêts les plus fondamentaux des animaux conduirait à malmener les êtres humains ? Pour le dire autrement, comment prétendre que le désir d'éloigner l'agneau du couteau du boucher conduit « forcément » (le mot est de Wolff) à vouloir trancher la gorge des humains ?

Certes, il arrive à Wolff de reconnaître des vertus à l'éthique animale. Dans son article de 2009, il écrit ainsi : « S'il s'agit de condamner la cruauté, il faut y applaudir[22]. » Le problème est qu'il est aveugle à la cruauté inhérente à l'exploitation des animaux. En effet, selon lui, pour y mettre fin, il suffirait d'« améliorer les conditions de vie des bœufs et des porcs [p. 146] ». Mais il ne serait pas question « d'interdire la pêche et la chasse, [et] d'imposer à tous [...] le végétarisme

---

21. *Id.*, « L'homme n'est pas un animal comme les autres », *Études*, n° 417, 2012, p. 494.
22. *Id.*, « Des conséquences juridiques... », *op. cit.*, p. 146.

[p. 146] ». Pourquoi ? Parce que si c'était le cas on verrait que « l'animalisme, en dépit de ses prétentions généreuses, n'est pas une extension des valeurs humanistes, il en est la négation [p. 146] ». Là encore, le propos est surprenant. Si l'humanisme est l'idéologie qui estime que les êtres humains ont une suprématie « naturelle » sur les autres animaux et qu'ils peuvent les exploiter à leur guise, alors oui l'antispécisme est un antihumanisme. Mais si l'humanisme consiste à étendre le cercle de la moralité à tous les êtres capables de souffrir et, en particulier, à tous les êtres vulnérables, alors l'antispécisme défend « une extension des valeurs humanistes ». C'est un humanisme inclusif et non exclusif comme celui de Wolff. C'est un humanisme qui prolonge les luttes d'émancipation des esclaves, des femmes, des peuples colonisés et des minorités sexuelles. Enfin, c'est un humanisme qui ne trompe pas son monde en affirmant qu'il n'y a pas de cruauté dans la pêche, la chasse et les abattoirs. Il y a donc bien une opposition de valeurs entre Wolff et les végétaliens. Quand le premier se fait le chantre d'une éthique de la cruauté gratuite, les seconds ne veulent pas faire souffrir et tuer un animal quand cela ne répond à aucune nécessité. Le drame pour les animaux est que Wolff a formé à l'École normale supérieure une partie de « l'élite intellectuelle » de la France...

Une cruelle arrogance

Parmi cette élite, il y a Raphaël Enthoven. Beau parleur, ce philosophe très médiatique tient une chronique sur Europe 1 où il analyse « la morale de l'information ». Le

1er juillet 2016 le voici en train de commenter l'événement
baptisé « Une Nuit Debout devant les abattoirs » et organisé
la veille par l'association 269 Life – Libération animale[23].
Cette association, ouvertement antispéciste, milite en
faveur de l'abolition des abattoirs. L'événement consistait à
réaliser des veillées silencieuses durant toute la nuit devant
une trentaine d'abattoirs afin d'attirer l'attention sur le cruel
sort des animaux de rente. Or cette action déplut manifestement à Enthoven, comme en témoigne cette chronique où
il essaye, lui aussi, de montrer une prétendue contradiction
des antispécistes. Comme des éleveurs avaient également
manifesté leur opposition à cet événement et affirmé qu'ils
adoraient leurs bêtes, le journaliste qui donne le répondant
au philosophe, et lui sert de faire-valoir, commence par faire
remarquer qu'on peut trouver contradictoire d'affirmer que
l'on aime les animaux tout en les mangeant. Enthoven lui
répond : « Oui, peut-être, bien sûr, mais c'est moins contradictoire que de s'interdire de les manger parce qu'on les
aime. » Voilà une proposition déroutante puisqu'elle semble
signifier que vous seriez moins dans la contradiction en
dévorant votre chat ou chien adoré qu'en lui prodiguant
des caresses !

Le journaliste faisant part de sa perplexité devant un tel
propos, le philosophe précise sa pensée : « Aucun animal
dont le système digestif le permet ne se prive de manger de
la viande. Or, en demandant à l'homme [*sic*] de s'en abstenir,
les "nuit-deboutistes" antiviande exigent de l'homme ce

---

23. Chronique *La Morale de l'info* : « Le véganisme est un anthropocentrisme », Europe 1, 1er juillet 2016 (accessible sur http://www.europe1.fr).

dont les animaux sont incapables. Ce faisant, ils établissent entre l'homme et l'animal une différence de nature au profit de l'homme. Le résultat, c'est un hyperspécisme qui arrache l'homme de la nature et l'installe sur un piédestal en lui demandant ce qu'il ne demande à aucun animal. » Face à ce nouveau paradoxe (les antispécistes seraient des hyperspécistes !), le journaliste rappelle que ce ne sont pas des hyperspécistes qui ont passé la nuit devant les abattoirs, mais des antispécistes. Enthoven réplique aussitôt : « C'est comme cela [que ces militants] s'appellent sur le papier. [Mais ce n'est pas le cas] puisque ces militants [prétendument] antispécistes opposent au spécisme, qui place l'homme au centre de la nature, c'est-à-dire au-dessus de la nature, la valeur d'empathie avec les animaux. Seulement l'empathie, que l'on a raison de brandir, est comme la sympathie une valeur proprement humaine [*sic*]. De sorte que l'on est ici en pleine contradiction. D'un côté, les antispécistes célèbrent l'indifférenciation de l'homme et de l'animal [...]. Mais, de l'autre côté, ils brandissent des valeurs que les hommes sont, par définition, les seuls à pouvoir adopter. » Ce qui le conduit à sa conclusion : « L'appel à une modification [des] comportements alimentaires [des êtres humains] est l'aveu qu'on continue de ranger l'homme au-dessus des autres espèces. La morale de l'info, c'est que l'antispécisme est un anthropocentrisme. »

Force est de constater que le propos est pour le moins confus. En effet, pourquoi Enthoven affirme-t-il que « les antispécistes célèbrent l'indifférenciation de l'homme et de l'animal » ? Où a-t-il lu cela ? C'est absurde. Les antispécistes voient bien qu'il y a des différences entre les êtres humains et les autres animaux, comme il y en a entre les lions et les autres animaux, et ainsi de suite. Enthoven s'égare aussi quand il estime que demander aux êtres humains d'adopter un comportement éthique que les autres animaux auraient du mal à suivre revient à placer les premiers au sommet du règne animal. Combien de fois faudra-t-il rappeler que prendre en compte une différence (ici, la grande capacité des humains à suivre des règles morales) ne revient pas à affirmer une supériorité ? Enfin, si demander aux êtres humains de modifier leurs comportements était faire preuve d'anthropocentrisme, alors tout le monde serait anthropocentriste tant ce genre de demande est omniprésent dans la société ! Bref, tous ces propos d'Enthoven n'ont aucun sens. Plus qu'à espérer qu'il n'était pas sincère quand il affirmait que dévorer ceux que l'on aime est moins contradictoire que les choyer...

Les apologistes du meurtre

En 2012, Richard Millet, écrivain et éditeur chez Gallimard, crée un scandale. Dans un essai intitulé *Langue fantôme. Essai sur la paupérisation de la littérature,* suivi d'*Éloge littéraire d'Anders Breivik* (Pierre-Guillaume de Roux Éditions, 2012) où il critique entre autres choses le multiculturalisme, il prête une « dimension littéraire » à l'acte du tueur qui, le 21 juillet 2011, a assassiné 77 personnes et en a blessé 151 en Norvège. Tout en condamnant les actes d'Anders Breivik, Millet affirme que cet individu est « sans doute ce que méritait la Norvège et ce qui attend nos sociétés qui ne cessent de s'aveugler ». Il n'hésite pas non plus à voir le tueur norvégien comme « tout à la fois bourreau et victime ». Face à ces propos pour le moins troublants, de nombreuses personnes s'insurgent et jugent que l'écrivain ne peut plus occuper ses fonctions d'éditeur. En septembre 2012, Millet annonce sa « démission contrainte » du comité de lecture des Éditions Gallimard. Affaire plus ou moins close. Mais ce qui ne crée jamais de scandale, c'est l'apologie que Millet fait régulièrement de la mise à mort des animaux.

Dans plusieurs de ses textes, Millet exprime en effet son profond mépris pour les végétaliens et défend avec hargne la consommation de viande. Par exemple, en 2013, il écrit que les défenseurs des animaux ne seraient que des « adultes infantiles[24] » qui ne perçoivent les « amateurs de viande rouge (mais aussi de foie gras) » que comme « d'inhumains prédateurs ». Ce qui serait une erreur d'appréciation de leur part puisque, nous dit Millet, dans « la communauté rurale où [il est] né, dans le Limousin, haut lieu d'élevage, [...] on ne tolérait pas la cruauté envers les animaux ». Pourtant, ce même Millet rappelle, quelques lignes plus loin, que lors de la mise à mort du cochon on entendait « les hurlements de la bête ». Il évoque également ces « agneaux [qui] pleuraient devant le couteau » et ces « lapins [qui] frémissaient » avant qu'on les égorge. Mais Millet n'y voit aucune cruauté. Il est vrai que, pour lui, on mesure « le degré d'abaissement d'une société par la place qu'elle réserve aux chiens, dont les nuisances sont considérables », et se félicite que « les idéologues staliniens » l'avaient « compris » et « tenaient des procès d'animaux, élevés au rang d'« ennemis du peuple », puis torturés et exécutés ».

C'est moins l'existence de propos abjects provenant d'une personne habituée aux provocations qu'il faut ici déplorer (il y aura toujours des penseurs méprisables), que

---

24. Richard MILLET, « Éloge de la viande », *Le Point*, 14 novembre 2013 (accessible sur http://www.lepoint.fr).

la publication par un grand hebdomadaire national de ce genre de position. D'ailleurs, le même magazine n'hésite pas à réinviter Millet à déverser sa prose haineuse contre les végétariens dès qu'il est question de débattre du sort des animaux. Ainsi, en novembre 2015, après la publication d'un rapport de l'Oms déclarant que la viande rouge est probablement cancérogène, il est convié à défendre ce type de nourriture. Il peut alors se laisser aller, en toute impunité, à tenir des propos sexistes (« j'ai toujours douté des dispositions sensuelles d'une femme qui ne mange pas de viande rouge[25] ») et à insulter les végétariens dont le « snobisme » consisterait à faire appel à la « sensiblerie, terrible forme de cancer mental [p. 75] ». Finalement, taper sur les femmes, les animaux et les végétariens, c'est un peu la même chose : ça ne fait pas de mal... à celui qui tape !

Triste défense de la cruauté

Si tant d'intellectuels ont du mal à percevoir le problème de l'élevage et de la consommation de produits d'origine animale, c'est en grande partie parce qu'ils pensent qu'il n'y a pas de problème à tuer un animal qui a bien vécu. Mais ils sont peu nombreux à thématiser et analyser cette idée. Ce n'est pas le cas de Dominique Lestel. Ce philosophe, enseignant à l'École normale supérieure, s'est fait remarquer ces dernières années en popularisant l'idée que la culture n'est pas le propre de l'humanité. Contribuant à révéler que la vie mentale des animaux était plus riche

---

25. *Id.*, « Pour la viande rouge », *Le Point*, 5 novembre 2015, p. 74.

qu'on ne l'imaginait auparavant, il s'est aussi interrogé sur la pratique qui consiste à les consommer. Comment peut-on se permettre de manger des êtres sensibles qui ont une culture ? Étant lui-même mangeur de viande, et ne voulant probablement pas changer d'habitude, il a cherché à montrer que les végétariens avaient tort. Ses réflexions l'ont alors conduit à publier en 2011 un petit pamphlet contre le végétarisme, *Apologie du carnivore*[26].

Comme beaucoup d'intellectuels carnivores, Lestel estime que l'« élevage industriel est une ignominie [p. 121] ». Il a le mérite d'en déduire que les carnivores devraient diminuer leur consommation de viande. Il préconise même de ne manger de la viande que lors d'occasions spéciales : il faudrait « faire de chaque repas carné une cérémonie, voire une commémoration, et limiter notre consommation de viande à ces occasions, tout en n'acceptant dans ces circonstances que de la viande provenant d'un animal bien traité [p. 124] ». Malheureusement, comme c'est souvent le cas avec ce genre de propos, si ce n'est toujours, rien n'est dit sur ce qu'il faut entendre par un « animal bien traité ». Lestel ne dit rien non plus sur les œufs et le lait qui procèdent de traitements cruels sur les animaux. C'est un peu facile. Quoi qu'il en soit, pour défendre le droit de tuer de temps en temps un animal

---

26. Dominique LESTEL, *Apologie du carnivore*, Fayard, 2011. Pour une critique cinglante de ce livre, on peut lire avec profit l'article de Pierre SIGLER, « Apologie de la mauvaise foi. L'inconsistante *Apologie du carnivore* de Dominique Lestel », *Cahiers Antispécistes*, n° 34, janvier 2012 (accessible sur http://www.cahiers-antispecistes.org).

censé avoir été bien traité, Lestel commence par dénigrer les végétariens. Il professe ainsi des accusations gratuites du style : « [L]e végétarien éthique est un intégriste moral prêt à tout [p. 10] », qui « veut [...] abolir l'homme et l'animalité [p. 15] ».

Ensuite, Lestel affirme que les végétariens adoptent, sans s'en rendre compte, l'attitude inverse de celle qu'ils prônent. Ce serait ainsi les carnivores qui seraient antispécistes parce que « le fait d'accepter d'agir comme toutes les espèces prédatrices constitue la seule véritable position antispéciste [p. 55] ». Inversement, le végétarien « réhabilite [...] la thèse de l'exception humaine en considérant qu'il est le seul animal carnivore (ou potentiellement carnivore) qui doit se placer au-dessus de sa condition animale omnivore en n'en assumant pas l'une des caractéristiques centrales : la prédation des autres animaux [p. 63] ». Bien sûr, un tel discours ne veut pas dire grand-chose. En quoi refuser d'égorger un agneau quand on dispose d'autres sources d'alimentation serait une façon de réhabiliter la thèse de l'exception humaine ? D'ailleurs, si on suivait la logique de Lestel, on serait antispéciste à chaque fois que l'on refuserait de se promener tout nu dans la rue ou de se renifler le derrière à chaque fois que l'on rencontre un membre de notre espèce. Mais, la seule chose que Lestel veuille préserver de sa « condition animale », c'est la consommation de viande. Comme c'est bizarre...

Toujours sur le même registre, Lestel accuse le végétarisme d'être autocontradictoire : « L'une des convictions majeures [des végétariens] est qu'il convient de ne pas faire souffrir les animaux. Or la souffrance peut résulter de la suppression d'une source de plaisir. Le carnivore étant un animal qui prend beaucoup de plaisir à manger de la viande, l'empêcher de le faire revient à lui infliger une certaine souffrance. Lui imposer une posture végétarienne éthique est donc antivégétarien [p. 57]. » Le problème de cet argument est que la présence d'une victime est un élément fondamental pour juger un acte, comme on peut aisément s'en rendre compte en transposant au viol le raisonnement de Lestel. Imaginons en effet une situation où on s'interrogerait sur l'opportunité d'interdire le viol étant donné que celles et ceux qui en sont victimes souffrent. Lestel n'aurait qu'à répondre qu'une telle loi, en dissuadant les violeurs potentiels de commettre des viols, leur imposerait d'immenses frustrations ; par conséquent, en voulant éviter que des personnes souffrent en étant violées, cette loi en ferait souffrir d'autres ; fier de lui, Lestel en conclurait qu'interdire le viol n'est pas juste ! Sans commentaire...

Si Lestel aboutit à une position aussi déroutante, c'est parce qu'il ne distingue jamais une souffrance que l'on subirait dans notre intérêt d'une souffrance délétère, qui nuirait à notre intégrité. Il passe abusivement d'une reconnaissance des vertus réelles des premières à une apologie de la souffrance en général. Cela lui donne à tort l'impression d'avoir montré la légitimité de la souffrance que l'on inflige aux animaux de rente. Cela explique aussi son incompréhension totale de la position des végétaliens qui, contrairement à ce qu'il affirme, ne rejettent pas toute souffrance, mais condamnent simplement que l'on fasse souffrir des animaux quand ce n'est ni nécessaire pour nous, ni dans leur intérêt à eux. Enfin, cette erreur d'appréciation de ce qu'est l'éthique végétalienne entraîne Lestel à tenir des propos plus que douteux, du style : « Un homme qui n'infligerait plus aucune souffrance à un autre être vivant ne serait tout simplement plus homme, ni même un animal, car un principe fondamental de l'animalité est précisément de souffrir et de faire souffrir [p. 86]. » Outre son caractère dénué de sens (comme si on ne serait plus un animal ou un être humain en ne faisant pas souffrir autrui !), ce propos a tout d'un appel à la violence gratuite.

Lestel reconnaît que réhabiliter la cruauté n'est pas suffisant pour justifier la consommation de viande. De fait, même si, dans la vie, il faut être cruel, cela n'implique pas qu'il faille manger les victimes de sa cruauté. Comme il estime « que les justifications habituellement données du régime carnivore sont [...] plutôt inconsistantes [p. 93] », il se propose de faire mieux que les autres carnivores. Mais comment justifier d'un point de vue éthique la consommation de viande ? Reconnaissons que Lestel met haut la barre. En effet, il ne cherche pas à montrer qu'une telle consommation ne pose pas de problème éthique ; il soutient que « le fait de manger de la viande [...] est un devoir éthique [p. 15] ». Du coup, c'est le végétarien qui n'agirait plus de manière éthique.

Pour défendre cette thèse, Lestel commence par affirmer que manger constitue une façon de reconnaître « la dépendance dans laquelle se trouve chaque être vivant vis-à-vis des autres êtres vivants [p. 91] ». Dès le premier abord, l'argument est surprenant puisque, s'il est évident que nous dépendons d'autres êtres vivants pour vivre, rien ne nous oblige à manger des animaux. On peut se nourrir de végétaux. Lestel essaye alors de préciser son idée en écrivant que « l'un des principes sans doute les plus précieux pour l'harmonie de la vie sur terre est [...] le principe de réciprocité et d'échanges généralisés entre êtres vivants. Il en résulte une dette infinie de l'homme vis-à-vis des animaux et le devoir éthique de la commémorer constamment [p. 94] ». D'où sortent cette « dette infinie » et ce « devoir éthique de la commémorer » ? Lestel ne nous le dit pas. Mais il lui suffit d'ajouter que manger de la viande est une façon de commémorer cette dette infinie pour qu'il ait l'impression d'avoir démontré le caractère éthique de cette consommation. Manifestement, on frise la pétition de principe.

Le second argument de Lestel à l'appui de sa thèse selon laquelle manger de la viande est un devoir éthique consiste à affirmer que cette « consommation nous rappelle constamment que nous sommes nous-mêmes des animaux issus de la chair d'autres animaux et susceptibles de nourrir d'autres animaux. Manger l'animal, en d'autres termes, est une façon positive d'affirmer notre animalité fondamentale [p. 114] ». Il est évident que nous sommes des animaux. Mais pourquoi faudrait-il que nous dévorions des animaux pour nous rappeler que nous en sommes aussi ? Les vaches, les chèvres et les lapins ne le font pas et n'en restent pas moins des animaux. Il y a mille autres façons d'affirmer son anima-lité : respirer, marcher, manger des légumes, crier, copuler, déféquer, etc.

La dernière imposture de Lestel consiste à nous inviter à prendre modèle sur les peuples algonquins du Canada. C'est sa petite leçon de sagesse exotique, très « écolo-new age », qui peut toucher du monde parce qu'elle surfe sur l'idée, assez répandue, que les peuples autochtones vivaient en harmonie avec la nature et respectaient les animaux. Il n'y aurait donc pas de mal, tel est le message, à tuer ces derniers si on le faisait comme les Algonquins. Pourtant, ce que Lestel nous dit de ces nations autochtones est soit non transposable à notre situation, soit problématique d'un point de vue éthique. Il commence ainsi par dire que, pour les Algonquins, « [t]uer un animal pour se nourrir est acceptable, à condition toutefois que la mise à mort entraîne pour lui le minimum de souffrance possible [p. 102] ». On est content de l'apprendre, mais cette information manque pour le moins de précision. De nos jours, n'importe quel industriel de la viande pourrait prétendre que, lui aussi, il fait en sorte que les animaux souffrent le moins possible, vu les cadences que lui imposent ses actionnaires. Pour évaluer cette notion de souffrance minimale, il faut donc savoir à quelle nécessité sont soumis les Algonquins. S'ils vivent dans des conditions qui les obligent à manger de la viande, leur souci de faire souffrir les animaux le moins possible est respectable. Si c'est juste parce qu'ils aiment le goût de la viande ou qu'ils trouvent cela amusant ou encore qu'ils l'associent à un rituel quelconque, cette exigence perd de son sens puisqu'en dehors de toute véritable nécessité, faire souffrir les animaux le moins possible consisterait à ne pas les tuer (on souffre toujours quand on se fait transpercer la gorge).

Cette simple logique n'est toutefois pas du goût de Lestel. Selon lui, se demander si la viande est essentielle pour la survie des Algonquins est une question dont la « pertinence [est] faible [p. 104] ». Il estime en effet que l'on doit consommer de la viande même quand ce n'est pas nécessaire. Comme on l'a vu, il faudrait le faire pour commémorer notre dépendance vis-à-vis du monde animal. Or c'est justement ce que feraient les Algonquins qui intégreraient cette consommation dans « un système de don et de contre-don, c'est-à-dire un système de dépendance un peu élaboré [p. 103] ». L'éthique du carnivore prendrait ainsi « la forme d'une éthique de la réciprocité [p. 105] ». Il est toutefois difficile de comprendre quelle réciprocité il y a dans la mise à mort d'un animal. On lui prend sa vie, sans rien lui donner en retour. Mais ces considérations n'embarrassent pas Lestel. Se perdant dans une mystique de la cruauté, il soutient qu'un animal qui est tué fait « don de soi [p. 109] », que les mises à mort des animaux sont un moyen d'assurer l'harmonie du monde et que « la prédation généralisée constitue l'un des principes de cette harmonie [p. 105] ». Sauve qui peut !

L'imposture du don de la vie

L'idée que les animaux feraient don de leur vie quand on les tue n'est pas propre à Dominique Lestel. On la retrouve chez de nombreux intellectuels, notamment Francis Wolff. Mais c'est probablement Jocelyne Porcher qui l'a le plus développée. Cette sociologue à l'INRA axe une grande partie de sa réflexion sur une dénonciation de l'élevage industriel.

Pour bien souligner sa réprobation envers la tournure prise par cette activité, elle lui retire même le nom d'élevage et parle à son propos de « production animale ». En revanche, l'élevage traditionnel a toutes les faveurs de cette sociologue. Alors que les « productions animales » seraient exclusivement soumises à l'impératif économique, ce second type d'élevage comporterait une dimension affective qui en ferait toute la valeur. Ainsi, comme elle l'écrit dans un entretien donné au journal *Le Monde* en août 2015, dans l'élevage traditionnel, il « ne s'agit pas de s'approprier les moutons pour prendre leur laine [et] les vaches pour prendre leur lait ». La motivation première de ce métier est relationnelle : « [I]l s'agit de vivre ensemble, de produire ensemble et d'en tirer un bénéfice commun[27]. » C'est ce lien qui serait au fondement de l'élevage. Tuer les animaux serait juste une nécessité pour qu'il soit économiquement viable, mais pas sa finalité.

On pourrait se demander si cette vision de l'élevage n'est pas un peu idéalisée. Mais passons. Reste que, même si un but est louable en soi, tous les moyens pour y parvenir ne le sont pas forcément. La question est donc toujours de savoir si ces mises à mort sont légitimes. C'est là que Porcher recourt à la théorie du don selon laquelle tout don implique un contre-don de la part de celui qui a été le bénéficiaire du premier don. Dans le cas présent, la thèse de Porcher est que les éleveurs auraient le droit de prendre la vie des animaux puisque ce sont eux qui leur ont donné cette vie. Dans un

---

27. Jocelyne PORCHER, « L'industrie porcine use et abuse des animaux sans contrepartie », *Le Monde* (suppl. « Culture & Idées »), 29 août 2015, p. 7.

Les apologistes du meurtre

article de 2002, elle écrit ainsi : « Le don originel pour de nombreux éleveurs est celui de la vie. L'éleveur donne naissance à ses animaux : d'une part, parce qu'il décide de la reproduction [...] ; d'autre part, parce que concrètement, il est amené, plus ou moins selon l'espèce animale considérée, à faire naître l'animal en participant à la mise bas[28]. » En contrepartie, l'animal qui a reçu la vie de l'éleveur doit lui offrir quelque chose : « Le premier des contre-dons de l'animal domestique est d'accepter de vivre, et de vivre dans le *domus* humain, c'est-à-dire dans un monde à signification humaine. » Il lui faut également « accepter les règles du travail, voire anticiper la volonté ou les désirs de l'éleveur ». Le tout devant se faire sur le mode de l'affectivité : « L'éleveur s'implique affectivement envers ses animaux et ne conçoit pas cet élan sans réciprocité [p. 255]. » Enfin, Porcher estime que l'animal donne sa vie pour finir d'accomplir son contre-don. Dans l'entretien de 2015, elle dit ainsi : « Les éleveurs travaillent avec les animaux mais ils savent qu'au bout de ce travail, à plus ou moins long terme, ils vont les tuer. La mort des animaux est l'aboutissement du travail[29]. » Finalement, l'animal rendrait ce que l'éleveur lui a donné, c'est-à-dire la vie.

Inutile de dire que tout le propos est pour le moins tendancieux. D'abord, l'animal ne choisit pas ni n'accepte de vivre chez un éleveur ; il y est forcé. L'idée que les animaux travaillent est également tirée par les cheveux :

---

28. *Id.*, « L'esprit du don : archaïsme ou modernité de l'élevage ? », *Revue du Mauss*, n° 20 (2), 2002, p. 254.

29. *Id.*, « L'industrie porcine use... », *op. cit.*, p. 7.

comment considérer que les vaches à qui on retire le lait ou que les poules dont on récupère les œufs travaillent ? Cette notion de travail est juste un subterfuge pour éviter de reconnaître que les animaux sont exploités. Ensuite, il est évident que les animaux ne donnent pas leur vie. Ils feraient même tout pour éviter de se faire trancher la gorge. Mais, chez Porcher, les mots prendre, donner et voler sont presque synonymes. De toute façon, l'idée que les éleveurs font don de la vie aux animaux est absurde. Pour faire un don à une personne, il faut que cette dernière existe déjà. Vous décidez de faire un don à quelqu'un qui, dans certains contextes, peut se sentir obligé de faire un contre-don. Mais comment faire don de la vie puisque le bénéficiaire n'existe pas ?

Enfin, quelle obligation pourrait avoir envers vous cette personne à qui vous auriez donné la vie ? On attend bien sûr d'un enfant qu'il témoigne d'un certain respect envers ses parents. Toutefois, c'est principalement parce qu'il aurait reçu de l'affection et une bonne éducation de la part de ces derniers. S'inspirant probablement de ce devoir filial, Porcher avance, dans l'entretien de 2015, qu'il faut offrir de bonnes conditions de vie aux animaux pour qu'il soit légitime de leur « prendre la chose la plus précieuse qui soit, c'est-à-dire leur vie [p. 7] ». Mais le propos est délirant. Permettre à une personne de bénéficier d'une certaine qualité de vie ne donne jamais le droit de la tuer. Auriez-vous le droit de mettre à mort votre progéniture sous prétexte que vous lui avez donné naissance et offert les conditions d'une enfance heureuse ? On recule d'effroi devant une telle idée. Avec les animaux, la situation est similaire. À partir du moment où ils sont nés, ils ont des intérêts que l'on doit respecter, dans la mesure du possible.

Devant probablement sentir qu'elle pousse un peu la logique de la théorie du don, Porcher joue sa dernière carte en affirmant que les éleveurs permettent aux animaux de vivre mieux qu'ils ne l'auraient fait sans eux. Ainsi, dans un livre de 2011, *Vivre avec les animaux*, elle écrit qu'un éleveur peut légitimement tuer un animal si la vie de ce dernier « a été [...] meilleure qu'elle ne l'aurait été en dehors de l'élevage[30] ». Dans un article de 2007, elle développait cette idée de la façon suivante : « Les animaux domestiques ont en majorité un statut de proie. [...] Les bergers n'ont pas réduit les brebis en esclavage, ils ont construit une alliance capable de rassurer les animaux et à même de leur permettre de vivre sans la peur du prédateur[31]. » En somme, pour Porcher, les éleveurs sont sympas : ils protègent les animaux de rente des prédateurs. N'est-ce pas une raison suffisante pour être à leur tour un peu prédateurs ?

Là encore, cet argument est abracadabrant. Depuis quand protéger un animal donnerait-il le droit de l'égorger ? De toute façon, vouloir faire croire que les éleveurs protègent les proies des prédateurs est de la pure imposture. Avez-vous déjà vu un éleveur aller dans la campagne pour chercher à protéger des animaux ? Bien sûr que non. Il ne s'intéresse

---

30. *Id.*, *Vivre avec les animaux. Une utopie pour le* xxie *siècle*, Éditions La Découverte, 2011, p. 5.
31. *Id.*, « Ne libérez pas les animaux ! », *Revue du Mauss*, n° 29, 2007, p. 582.

pas aux pauvres proies qui se font dévorer loin de son étable. Il ne s'intéresse qu'à ses animaux dont il assure la reproduction. Or ces derniers n'ont jamais été menacés par des prédateurs avant que l'éleveur n'en ait la charge. Affirmer que les animaux égorgés par les éleveurs ont connu une vie « meilleure qu'elle ne l'aurait été en dehors de l'élevage » n'a donc aucun sens.

Au bout du compte, l'erreur fondamentale de Porcher est de vouloir préserver à tout prix un mode de vie et un type de nourriture, au détriment de l'intérêt des animaux et de la logique. Elle aime l'élevage, elle respecte les éleveurs et prend beaucoup de plaisir à manger de la viande[32]. Du coup, pour que ce monde ne disparaisse pas, elle invente une théorie où toute relation avec les animaux de rente s'appréhende en termes d'alliance, de contrat, d'échange, de dette à rembourser, etc. D'une certaine manière, Porcher fait penser à ces esclavagistes récalcitrants qui, face aux projets d'abolition de l'esclavage, n'arrivaient pas à comprendre qu'ils n'avaient pas le droit de disposer de la vie d'autrui. Comme elle de nos jours, ils prétendaient qu'ils s'occupaient bien de leurs esclaves, qu'ils leur

---

32. Alors que Jocelyne Porcher défend en général l'élevage pour préserver la soi-disant bonne relation entre les éleveurs et leurs animaux, elle a récemment reconnu qu'elle aimait beaucoup la viande : « J'aime les cochons, mais j'aime aussi la côte de porc gascon ou limousin. [...] La viande d'un cochon de bonne race, bien élevé et tué dignement [*sic*], est un régal sans équivalent. » D'un seul coup, sa défense de l'élevage paraît un peu moins désintéressée. Ce qui explique probablement ses entorses à la rigueur intellectuelle ! Voir Jocelyne PORCHER, « J'aime la compagnie des cochons... et la côte de porc gascon », *Causeur*, n° 38, septembre 2016, p. 67.

donnaient du travail, qu'ils leur offraient des conditions de vie meilleures que s'ils étaient livrés à eux-mêmes, etc. Ils affirmaient même que les esclaves leur étaient reconnaissants. Il y avait entre eux un respect mutuel. L'idée de mettre un terme à cette forme de cohabitation les attristait donc profondément. Tout le monde allait y perdre, disaient-ils. La société telle qu'ils l'avaient toujours connue allait disparaître. Alors, ils s'en prenaient avec virulence aux abolitionnistes, exactement comme le fait en permanence Porcher avec ceux qui veulent abolir les abattoirs et l'élevage[33].

Le drame est que cette position réactionnaire de Porcher a un fort écho dans la société. Son statut d'experte, chercheuse à l'INRA, et sa prolixité éditoriale, lui assure une grande présence dans les médias. Elle est également l'alibi parfait du système. Elle vilipende autant l'industrie de la viande que les défenseurs des animaux. Du coup, les carnivores qui, comme presque tout le monde, sont indignés par les conditions de vie des animaux dans cette industrie, mais qui ne veulent pas se remettre en cause, trouvent en elle leur porte-parole idéal. Elle est très commode puisque, en faisant référence à une éthique de l'élevage, elle donne

---

33. Pour une autre critique de l'approche de Jocelyne Porcher, voir Enrique UTRIA, « La viande heureuse et les cervelles miséricordieuses », dans Lucile DESBLACHE (dir.), *Souffrances animales et traditions humaines. Rompre le silence*, Éditions universitaires de Dijon, 2014. Article repris presque à l'identique sous le titre « La "viande heureuse" », dans les *Cahiers antispécistes*, n° 38, 2016 (accessible sur http://www.cahiers-antispecistes. org). Voir aussi la « réponse » de ce philosophe à l'entretien de Porcher dans *Le Monde* : Enrique UTRIA, « La viande heureuse », *Le Monde*, 1ᵉʳ septembre 2015.

bonne conscience à ceux qui aiment se repaître de chair animale. Comme on l'a vu, elle ne leur demande même pas de diminuer leur consommation de produits d'origine animale (voir le Prologue).

Il y a même une « école de pensée » qui se construit à partir des travaux de Porcher. Si vous êtes un jeune chercheur, vous pouvez ainsi faire une thèse universitaire sous sa direction et poursuivre le type de réflexion qu'elle a élaboré. C'est par exemple ce qu'a fait Sébastien Mouret. Après un dur labeur, il a défendu en 2009 sa thèse intitulée *Le sens moral de la relation de travail entre hommes et animaux d'élevage : mises à mort d'animaux et expériences morales subjectives d'éleveurs et de salariés*. Rien que le titre soulève des questions : le chercheur s'intéresse à la mise à mort des animaux, mais uniquement à travers l'expérience subjective des éleveurs et des salariés. Il est vrai que tout le monde se fiche de l'expérience subjective des animaux. En tout cas, cette thèse a reçu le prix *Le Monde* de la recherche en sciences humaines et sociales, présidé par le sociologue et philosophe Edgar Morin. Elle a ensuite été publiée sous le titre *Élever et tuer des animaux* (puf, 2012). C'est dire la reconnaissance dont jouit cette approche. Or que lit-on dans cette thèse ?

Principalement, le même verbiage sur la notion de don que chez Porcher. Par exemple, Mouret estime que l'investissement « des éleveurs dans le travail repose sur un *don de la vie bonne* à leurs bêtes. Ce don peut être interprété comme une manière de légitimer le fait de les tuer pour s'en nourrir, et comme un *geste* de gratitude qui vise à reconnaître [...] ce qu'ils donnent aux hommes : la vie[34] ». Dans la même veine, il écrit que, dans une mise à mort effectuée par un éleveur, « il s'agit moins de prendre la vie que de la recevoir [p. 71] ». Ou encore, cette mise à mort « s'apparente moins à une relation de prédation qu'à une relation fondée sur un don. La mort donnée commence un « flux positif de vie » [citation de Porcher] des animaux d'élevage vers les hommes [p. 71-72] ». À partir de cette idée de gratitude qui consiste à tuer un animal qui a bien vécu et de ce mysticisme de la cruauté où un « flux positif de vie [*sic*] » passe entre les éleveurs et les animaux, Mouret montre que les premiers sont conscients du problème moral qu'il y a à tuer les seconds. Mais il prétend que l'on peut tuer et aimer les animaux et que, afin de continuer à vivre avec eux, il faut assumer leur mise à mort. À pleurer !

Pourtant, Mouret n'est fautif de rien. Il a fait du bon travail. Sa thèse est riche en enquêtes de terrain, auprès des éleveurs et salariés des abattoirs. C'est juste une victime du système. Pour maintenir l'élevage, l'institution française est prête à toutes les acrobaties intellectuelles. L'université approuve. Le quotidien *Le Monde* apporte son soutien. Les grands noms de la recherche adoubent. Et tout le monde se retrouve à table autour d'un gigot d'agneau aux pommes, d'une escalope de veau à la crème ou d'un carré de porcelet poêlé, c'est-à-dire autour des morceaux d'un animal tué très jeune, arraché à sa mère, probablement mutilé pour faciliter le travail de l'éleveur ou modifier le goût de

---

34. Sébastien MOURET, *Élever et tuer des animaux*, PUF, 2012, p. 9.

sa viande. Peut-être même qu'un éleveur l'a aimé. Mais l'amour n'a jamais empêché la cruauté. Peut-être qu'il s'en est bien occupé. Mais il existe des bourreaux qui prennent soin de leurs victimes. Très certainement, il a assumé de le mettre à mort. Mais un crime assumé reste un crime.

LES NÉGATIONNISTES DES DROITS

En janvier 2014, un jeune homme, qui se faisait appeler « Farid de la Morlette », s'est fait filmer en train de jeter violemment en l'air, puis contre un mur, un petit chat blanc et roux. Il a ensuite posté ses prouesses sur une page Facebook. Les images ont soulevé une grande vague d'indignation sur les réseaux sociaux au point que la police a aussitôt diligenté, avec succès, une enquête pour identifier l'auteur de cet acte de maltraitance. Après une procédure de comparution immédiate devant le tribunal correctionnel de Marseille, le jeune homme fut condamné à un an de prison ferme, conformément à l'article 521-1 du Code pénal qui stipule que tout acte de cruauté envers un animal peut entraîner une peine d'emprisonnement. Entre-temps, le petit félin, dénommé Oscar, avait été retrouvé, commotionné, avec une patte cassée. Justice a donc été rendue.

Pourtant, le jour du procès de Farid de la Morlette, comme tous les jours de l'année, dans les élevages et abattoirs français, des millions d'animaux ont aussi été séquestrés, mutilés, broyés ou égorgés, sans que la justice n'y trouve rien à redire. Pourquoi Farid de la Morlette a-t-il écopé d'une peine de prison ferme alors que, sauf exception, les éleveurs et les « tueurs » professionnels ne sont jamais inquiétés par la justice ? La réponse est simple. En matière de protection animale, l'arbitraire règne en maître. Alors qu'il est interdit de maltraiter un animal (article du Code pénal mentionné ci-dessus) et « sans nécessité [...] de donner volontairement la mort à un animal domestique ou apprivoisé ou tenu en captivité » (article R. 655-1 du Code pénal), la loi n'est, pour ainsi dire, jamais appliquée quand il est question des animaux destinés à l'alimentation. En ce qui les concerne, la société fait comme s'ils n'avaient pas de droits. Face à ce déni de justice, on aurait pu s'attendre à ce que les intellectuels français s'insurgent. N'est-ce pas leur rôle de combattre l'injustice par leur plume ? Malheureusement, beaucoup d'entre eux prennent fait et cause pour les bourreaux et nient que les animaux ont des droits.

La référence à la liberté humaine

N'exagérons rien : il arrive que des intellectuels aient l'idée d'accorder davantage de droits aux animaux. Par exemple, en octobre 2013, 24 d'entre eux signent un « Manifeste » visant à modifier le statut juridique des animaux pour qu'ils ne soient plus considérés dans le Code civil comme des « biens meubles[35] ». Selon ces intellectuels,

---

35. Accessible sur le site de la Fondation 30 millions d'amis : http://www.30millionsdamis.fr.

la capacité des animaux « à ressentir le plaisir et la douleur » devrait en effet leur conférer « les droits les plus fondamentaux ». Aussi demandent-ils à ce qu'une catégorie juridique propre leur soit « ménagée dans le Code civil entre les personnes et les biens ». L'initiative est bienvenue. Elle n'est toutefois pas sans ambiguïté étant donné que ces intellectuels ne précisent pas ce qu'ils entendent par « les droits les plus fondamentaux ». Naïvement, on pourrait penser qu'un être sensible devrait se voir accorder le droit de ne pas être tué sans nécessité. Or plusieurs des signataires de ce manifeste ne sont pas végétaliens et, jusqu'à preuve du contraire, n'ont pas l'intention de mettre un terme à leurs repas sanguinaires. Ils se donnent donc un beau rôle en prétendant se soucier du triste sort des animaux, sans s'engager à ne plus être complices de leur exploitation.

Cette ambiguïté du Manifeste apparaît explicitement dans un entretien qu'a accordé à son sujet en avril 2014 un de ses signataires, en l'occurrence Luc Ferry. Après une discussion sur l'évolution de la question animale, le journaliste pose à ce philosophe une question fondamentale : « Peut-on donner des droits à tous les animaux et rester carnivore ? » Ferry répond : « Il ne s'agit surtout pas de faire des animaux des sujets de droit, ce serait à mes yeux parfaitement ridicule, mais simplement de les protéger contre des formes de cruauté qui continuent d'exister de manière scandaleuse. » Comment Ferry peut-il, d'un côté, trouver ridicule de faire des animaux des « sujets de droits » (n'est-ce pas une façon de leur reconnaître des droits, comme le veut le Manifeste ?) et, d'un autre côté, affirmer que les animaux doivent être protégés contre « des formes de cruauté » (c'est-à-dire leur accorder des droits, notamment celui de ne pas être maltraité) ? Cela mériterait quelques éclaircissements. Mais Ferry préfère en rester là et botte en touche la question du journaliste en affirmant : « On peut élever des animaux sans les faire souffrir[36]. » Non seulement cette réponse laisse de côté le problème de la mise à mort (le droit à la vie n'est-il pas un droit fondamental ?), mais elle témoigne d'une complète désinvolture envers le sort des animaux de rente. Où Ferry a-t-il vu que les animaux élevés pour être découpés en morceaux n'avaient jamais à souffrir de leur condition ?

Pour ceux qui connaissent les écrits de Luc Ferry, cette incohérence n'est pas très surprenante. En 1992, ce philosophe a publié *Le Nouvel Ordre écologique*[37]. Dans cet ouvrage, qui a connu un grand succès, Ferry reproche aux antispécistes et aux écologistes, qu'il met dans un même sac, de tourner le dos à l'humanisme, voire d'être les ennemis de l'humanité. Or assimiler les premiers aux seconds est déjà faire preuve d'une grande confusion. En effet, les antispécistes ne sont pas des écologistes si l'écologie a pour objectif de préserver la « nature », les « écosystèmes » ou la « biodiversité ». Les antispécistes prennent en considération les individus et non les espèces. Ils ne défendent pas des entités abstraites, mais des porteurs de droits. Ils ne

---

36. Luc FERRY, « On peut élever des animaux sans les faire souffrir », *Le Point*, 16 avril 2014 (accessible sur http://www.lepoint.fr).

37. *Id.*, *Le Nouvel Ordre écologique*, Grasset, 1992. Pour lire une critique roborative de ce livre, nous recommandons l'ouvrage d'Élisabeth HARDOUIN-FUGIER, Estiva REUS et David OLIVIER, *Luc Ferry ou le rétablissement de l'ordre*, Éditions Tahin Party, 2002. Nous reprenons certains de leurs arguments.

cherchent pas à préserver la « nature » telle qu'elle est, mais à diminuer la cruauté de ce monde. Ensuite, une idée forte de Ferry tout au long de cet ouvrage est que l'amour pour les animaux nuirait à l'amour des êtres humains. Autrement dit, en raison du respect que l'on doit aux seconds, il faudrait ne pas trop aimer les premiers. Comme on l'a déjà vu, l'idée est absurde. De toute façon, Ferry aurait dû comprendre que l'antispécisme contemporain ne provient pas d'un amour des animaux (même s'il peut parfois être présent) : il est avant tout l'expression d'un désir de justice.

Dans ce cadre conceptuel assez confus, Ferry tente de montrer qu'il ne faut pas accorder de droits aux animaux. L'élément central de son argumentation consiste à affirmer que les humains seraient des êtres de liberté alors que les animaux seraient des êtres de nature. Il écrit ainsi que « l'animal est programmé par un code qui a nom "instinct" » et qu'il « ne peut s'émanciper de la règle naturelle qui régit ses comportements », alors que la « situation de l'être humain est inverse. Il est par excellence indétermination [p. 46] ». À partir de ce postulat, Ferry en conclut que seuls des êtres de liberté peuvent être sujets de droit : c'est « la faculté de s'arracher aux intérêts (la liberté) qui définit la dignité et fait du seul être humain une personne juridique ». Pour qu'il n'y ait pas d'ambiguïté, il précise que « la raison, le langage ou l'intelligence » ne sont pas « les qualités qui qualifient l'homme comme être moral, [c'est] la liberté [p. 89] ».

Pour autant, Ferry estime que nous avons des devoirs indirects envers les animaux. S'inspirant du philosophe Emmanuel Kant, il avance que ces devoirs proviennent du fait que, à la différence des plantes et *a fortiori* des pierres, les animaux, sans être libres, agiraient comme s'ils étaient libres, en vue d'une fin. Pour cette raison, il y aurait une analogie entre les humains et les animaux : « [L]a vie [animale], définie comme "faculté d'agir d'après la représentation d'une fin", [...] entretient un rapport d'analogie avec ce qui nous constitue comme humains. » Du coup, cette vie animale doit faire « l'objet d'un certain respect, celui qu'à travers les animaux nous nous témoignons aussi à nous-mêmes [p. 124] ». Malheureusement, Ferry ne précise pas où commence et où s'arrête le respect que l'on doit aux animaux. Il laisse juste entendre qu'il ne faut pas les tuer pour s'amuser [p. 124], sans prononcer un mot contre la plupart des pratiques d'exploitation dans nos sociétés. L'autre problème de cette conception des devoirs indirects est qu'elle n'entraîne aucun intérêt pour la souffrance des animaux en elle-même ; elle épingle juste le comportement humain. Ce qui implique une indifférence totale vis-à-vis de la souffrance animale quand aucun être humain n'entre en jeu[38].

---

38. Notons que Luc Ferry a depuis lors senti le besoin de « dépasser Kant ». En 2001, il écrit ainsi : « Aux yeux de Kant, un être humain digne de ce nom se devait de ne pas maltraiter les bêtes, en quoi leur prise en considération relevait davantage, selon lui, d'un "respect envers soi-même" qu'envers elles. Belle idée, sans doute, mais à l'évidence insuffisante : s'il n'y avait, dans l'animal même et non seulement en nous, quelque chose qui suscite la compassion, en quoi la cruauté pourrait-elle même apparaître comme un manque de respect envers soi ? » dans Luc FERRY, « Le IIIe Reich et les animaux », *Le Point*, 25 mai 2001. Mais cette évolution de sa pensée ne l'a pas conduit à adopter une position plus cohérente, comme on l'a vu dans l'entretien du magazine *Le Point* en 2014.

La première erreur de Ferry est de partir d'une prémisse qui ne tient pas la route. Comment peut-il encore avancer l'idée que les animaux sont rivés à leurs instincts et que les humains sont des êtres de liberté ? Est-il à ce point ignorant des recherches en éthologie pour ne pas se rendre compte que des cultures animales existent aussi ? N'a-t-il jamais remarqué qu'un chat ou un chien, dans de nombreuses situations, hésite, réfléchit, fait des tests, élabore des stratégies, renonce à des projets ? Avec un minimum d'effort, il aurait aussi pu constater que la moindre revue de vulgarisation scientifique ou n'importe quel documentaire animalier montre qu'un grand nombre d'animaux, en particulier les vertébrés, sont capables d'apprendre, d'innover, d'imiter, de transmettre, etc. Ces derniers peuvent même percevoir l'injustice de certaines situations et agir pour y remédier, alors même que leur action ne sert pas leurs intérêts directs.

La seconde erreur de Ferry est de raisonner de travers. De fait, même s'il avait raison avec son postulat selon lequel les animaux sont totalement sous l'emprise de leurs instincts, on voit mal pourquoi cette caractéristique ferait qu'ils n'aient pas de droits. Prenons le cas d'un enfant en très bas âge. C'est un être encore soumis à ses instincts, comme respirer ou téter le sein de sa mère, et qui ne sait pas encore se mouvoir librement. Est-ce pour autant qu'il n'a aucun droit ? Non, bien sûr. Il a au moins le droit de ne pas être maltraité. Pourquoi n'en serait-il pas de même pour un animal lui aussi soumis à ses instincts ? La liberté ne joue donc aucun rôle dans cette problématique. En faire la condition nécessaire pour qu'un animal ait des droits est complètement arbitraire. En somme,

Les négationnistes des droits

Ferry recourt à une espèce de passe-passe rhétorique pour légitimer l'exploitation des animaux : il avance la conception totalement dépassée que, à la différence des humains, les animaux ne sont pas libres et postule de façon arbitraire que seule la liberté fait des premiers des êtres moraux, tout en refusant d'appliquer ce critère aux humains qui ne sont pas doués de cette liberté, comme les enfants en bas âge.

Reconnaissons que la pensée de Ferry est parfois un peu plus complexe, pour ne pas dire tarabiscotée. Juste après avoir écrit qu'un animal « ne peut s'émanciper de la règle naturelle qui régit ses comportements [p. 48] », il avance en effet qu'un animal peut prendre ses distances « par rapport aux commandements de la nature [p. 48] ». Il faudrait savoir ! En tout cas, s'il considère parfois, après avoir dit le contraire, que les animaux sont des êtres qui s'arrachent à leur naturalité, il ne va pas pour autant en faire des sujets de droit. Pourquoi ? Parce que, chez eux, les distances « par rapport aux commandements de la nature ne se transmettent pas *d'une génération à l'autre* pour tisser une histoire [p. 48] ». Autrement dit, la grande différence avec l'humanité est que « les sociétés animales [...] n'ont pas d'histoire [p. 48] ». Là encore, on pourrait discuter de cette prétendue absence d'historicité des sociétés animales. Il est peu probable qu'elles procèdent par générations spontanées. Il a donc fallu que leurs comportements sociaux évoluent avec le temps. Mais, quand bien même son postulat serait sensé, Ferry aurait dû comprendre que l'historicité est une notion qui s'applique à une société ou à un groupe, et non à un individu. Du coup, il est absurde d'en faire un critère de droit individuel. Sinon, un enfant sauvage, coupé de toute société et à qui les générations précédentes n'auraient rien transmis, ne pourrait pas se voir attribuer des droits. Bref, ni la liberté ni l'historicité ne peuvent être des critères d'attribution de droits. Il ne reste donc plus qu'à attendre de Ferry, qui a signé un Manifeste pour conférer aux animaux « les droits les plus fondamentaux », qu'il aille au bout de ses engagements, notamment en arrêtant de les tuer (ou de les faire tuer par d'autres)...

Les droits et les devoirs

Sur cette question des droits des animaux, on retrouve également Francis Wolff[39]. Sans trop caricaturer, on pourrait dire qu'une de ses idées fortes est qu'il est légitime d'égorger les animaux pour son plaisir parce que ces pauvres bêtes sont incapables d'agir moralement à notre égard. Ainsi, en 2012, après avoir écrit que « les hommes sont les seuls êtres qui agissent au nom de valeurs et s'imposent des devoirs », Wolff avancent que « les devoirs que les hommes s'imposent vis-à-vis des autres hommes deviennent pour eux des droits dans la mesure où ils sont réciproques et universels[40] ». Pas de chance pour les animaux : comme ils ne formulent pas de devoirs envers nous ni entre eux, Wolff en conclut qu'ils ne peuvent pas avoir des droits. Le grand problème est que

---

39. Une critique des arguments de Francis Wolff sur cette question des droits des animaux se trouve aussi dans Enrique UTRIA, « La viande heureuse et les cervelles miséricordieuses », *op. cit.*, et « La "viande heureuse" », *op. cit.* Nous nous en inspirons.
40. Francis WOLFF, « L'homme n'est pas un animal comme les autres », *op. cit.*, p. 493.

les enfants en bas âge, certains handicapés mentaux et les personnes séniles, pour ne rien dire des psychopathes, ne s'imposent pas non plus de devoirs envers les autres. Faut-il pour autant leur refuser des droits ? Ce n'est sans doute pas ce que souhaite Wolff. Pourtant, pour nier des droits aux animaux, il lui faudrait nier des droits aux humains qui sont incapables d'agir au nom de valeurs, du moins s'il suivait la logique de son argumentation. Une société régie suivant les principes de Wolff serait donc effroyable[41].

Bien sûr, Wolff ne dit pas explicitement que l'on peut s'amuser à faire souffrir les animaux, même s'il est un défenseur de la pêche, de la chasse et de la corrida[42]. Les bassesses passent mieux quand elles ne s'avouent pas ! De même, son insensibilité ne va pas jusqu'à l'amener à penser que l'on peut torturer son chien. C'est la limite qu'il se fixe. Mais comment justifier cette différence de traitement entre l'animal de compagnie et le taureau dans l'arène, le lapin dans la garenne ou le poisson dans la rivière ? Wolff considère tout simplement que nous avons des devoirs différentiels

---

41. Dans son ouvrage *Notre humanité, op. cit.*, Francis Wolff répond à cet argument des « cas marginaux » en écrivant que nous devons accorder des droits à ces derniers parce que « nous les reconnaissons comme faisant partie de la communauté humaine [section « Notre humanité politique selon l'animalisme », chap. 10] ». Cela revient à abandonner le principe selon lequel seuls les êtres qui s'imposent des devoirs ont des droits. Mais le nouveau principe n'est pas mieux. Faire de l'appartenance à la communauté humaine la condition pour avoir des droits est totalement arbitraire. Il revient à dire que seuls les humains ont des droits parce qu'eux seuls sont humains ! C'est le même type d'arbitraire qui définit le sexisme et le racisme. Ici, c'est du spécisme.
42. Voir par exemple Francis WOLFF, *50 raisons de défendre la corrida*, Fayard/ Mille et une nuits, 2010.

envers les animaux. Toujours dans le même article, il écrit ainsi : « [N]ul ne se reconnaît les mêmes devoirs vis-à-vis de nos animaux de compagnie, vis-à-vis des animaux domestiques et vis-à-vis de la faune sauvage : nous sommes liés aux animaux de compagnie par des échanges d'affection, que nous ne voulons pas trahir en les abandonnant par exemple [p. 493]. » Jusque-là, le propos est raisonnable. Il revient à reconnaître que l'on a plus de devoirs envers ses proches qu'envers des inconnus. Sur un plan juridique, vous pouvez d'ailleurs être condamné si vous ne subvenez pas suffisamment aux besoins de vos enfants quand vous en avez les moyens, alors qu'on vous laissera tranquille si vous n'aidez pas ceux qui meurent de faim à l'autre bout du monde. Pour autant, cela ne vous donne pas le droit de faire massacrer ces enfants. Autrement dit, d'accord avec Wolff pour reconnaître que l'on a davantage de devoirs envers un animal de compagnie qu'envers des animaux domestiques et sauvages. Mais il est absurde d'en déduire que cette différence nous autorise à transformer les seconds en chair à pâté.

Concernant les animaux domestiques, sa position n'est pas moins problématique. Comme Jocelyne Porcher, il évoque un supposé contrat qui nous lierait à eux. Inutile de répéter ici à quel point cette idée est fantaisiste (voir le chap. 2). Mais qu'il nous soit permis de rappeler que Wolff se moque de ses lecteurs en écrivant que seul « le productivisme contemporain, et ses usines à viande », romprait ce contrat en ne leur assurant pas un « traitement respectueux des conditions de vie [p. 493] ». Enfin, à propos des animaux sauvages, Wolff écrit que « la morale qui nous lie aux espèces sauvages [...] repose sur le respect des équilibres écologiques et de la biodiversité [p. 493] ». Là encore, sous couvert d'une prétendue bienfaisance – le respect des équilibres écologiques et de la biodiversité – ces propos laissent la porte ouverte à tous les abus. Ils impliquent en effet que vous pouvez massacrer des animaux sauvages si vous pensez que cette tuerie est favorable à la préservation de l'environnement. Vous pouvez même le faire dans des conditions abominables puisque, dans la morale de Wolff, il n'y a pas à avoir de respect des animaux sauvages pour eux-mêmes ; seul doit être pris en compte l'intégrité de l'environnement.

Reste à comprendre ce que signifient ces devoirs que l'on aurait envers les animaux. Wolff tient à les distinguer des droits. Pourtant, qu'est-ce qu'un devoir envers un être qui n'aurait pas de droit ? Si vous avez le devoir de ne pas maltraiter un enfant, n'est-ce pas en raison de son droit à ne pas l'être ? Imaginons qu'il n'ait pas ce droit et que vous le maltraitiez. On pourrait bien sûr vous reprocher votre comportement puisque vous n'agiriez pas selon votre devoir. Mais, l'enfant n'ayant pas de droit, personne ne pourrait prendre sa défense au nom de ses droits. Ce qui signifie bien que votre devoir n'en serait pas véritablement un. Il représenterait plutôt un conseil ou un souhait, du style « il est préférable de ne pas maltraiter les enfants ». Pour qu'il soit un véritable devoir, il faut qu'il soit corrélé à un droit de l'enfant. Sans le vouloir, Wolff attribue donc des droits aux animaux, du moins aux animaux domestiques et de compagnie.

Pensant un peu trop vite avoir trouvé une base solide à son refus d'attribuer des droits aux animaux, Wolff se fourvoie également en pensant avoir percé l'erreur de ses opposants. Il écrit ainsi que « la notion de droits des animaux est contradictoire [parce que] si l'on concède au loup le droit de vivre, on le retire à l'agneau ; et si l'on dit que l'agneau a des droits, que fait-on du droit naturel du loup à se nourrir ? [p. 494] ». Reconnaissons que la problématique du loup et de l'agneau n'est pas facile à résoudre. Nous sommes dans une situation où il y a un conflit radical d'intérêts (l'intérêt de l'agneau et du loup à vivre) et où il n'y a pas moyen de satisfaire les deux intérêts à la fois. Mais cela ne veut pas dire que celui qui voit son intérêt bafoué n'avait pas d'intérêt. Ainsi le loup et l'agneau ont bien tous deux un intérêt à ne pas mourir : c'est un droit que l'on peut leur reconnaître. Le fait que le loup ne sait pas comment se nourrir sans dévorer l'agneau ne change rien à cette reconnaissance. D'une certaine manière, il n'a pas le choix. Il ne peut donc être tenu moralement responsable de son acte. Cette triste situation n'implique pas que l'agneau qu'il a tué n'avait pas le droit de vivre. Il n'a juste pas eu de chance. On peut d'ailleurs faire l'analogie avec la situation où un être humain, en raison de son état mental, est déclaré non responsable d'un crime qu'il a commis. Cette décision juridique n'implique pas que la victime n'avait pas de droits. En revanche, quand un humain tue un agneau pour son plaisir, ou quand il paye quelqu'un d'autre pour le faire, il peut en être tenu moralement responsable. Il bafoue l'intérêt de l'agneau sans raison impérieuse. Bref, contrairement à ce que prétend Wolff, il n'y a rien de contradictoire à reconnaître des droits aux animaux.

Le relativisme moral

En mars 2016, lors d'une une émission sur France Culture, le neurobiologiste Alain Prochiantz se prononce lui aussi sur la question des droits des animaux[43]. Interrogé pour savoir ce qu'il pense de la cause animale, ce professeur au Collège de France reconnait que « la question essentielle, si on parle des animaux, c'est celle de la souffrance ». Toutefois, après avoir rappelé qu'il y a aussi des « souffrances animales » chez l'humain, il ajoute qu'« à partir du moment où on décide que l'on veut diminuer autant que possible la souffrance animale, il y a quand même des hiérarchies dans les types de préoccupation que l'on peut avoir ». Le journaliste lui fait alors remarquer que cet argument est un peu spécieux parce que l'on peut très bien lutter pour la paix dans le monde et se situer en faveur d'un respect des animaux. Ce ne semble pas être l'avis de Prochiantz qui répond « non, parce qu'il y a la question du droit et la question de la nature. [Or] ce sont les humains qui font le droit ». Le journaliste, ayant du mal à comprendre cette pensée confuse, rétorque : pourquoi choisir entre la cause animale et la cause humaine ? Prochiantz répond en disant qu'il « préfère la cause humaine[44] » et que la question du droit dont il est ici question est importante parce que « ce n'est pas un droit divin, ce n'est pas un droit naturel, c'est un droit qui est lié à ce développement cortical tout à fait

---

43. Émission *L'Invité des Matins* : « Manger des animaux, est-ce inhumain ? », France Culture, 1er mars 2016 (accessible sur http://www.franceculture.fr).
44. Notons qu'Alain Prochiantz a déjà développé cette idée dans son article « Mon frère n'est pas ce singe », *Critique*, n° 747-748, 2009. Sur le manque de pertinence de cette position, voir notre chap. 7, section « Il y a plus important ».

exceptionnel [des humains] ». Puis, il ajoute : « Les humains font le droit et ce droit est contingent, c'est-à-dire que, selon les époques, selon les lieux, le droit n'est pas le même parce que ce ne sont pas les mêmes humains, parce que ce ne sont pas les mêmes périodes historiques. » Sur le même registre, quelques minutes plus tard, il précise : « Nous pouvons nous imposer des devoirs vis-à-vis des animaux ; [mais] cela ne correspond pas à un droit qu'ils auraient, sinon on croit au droit naturel et personnellement je pense qu'il n'y a pas de droit naturel. »

Les animaux et les humains ont-ils des droits naturels ? Vaste question. Il n'y a donc rien de choquant à ne pas croire au droit naturel. Dans une certaine mesure, affirmer que ce sont les humains qui font le droit n'est pas non plus problématique si on le prend dans le sens de droit positif, c'est-à-dire de l'ensemble des règles juridiques explicitement consignées. Peut-on pour autant adopter une position relativiste, comme Prochiantz nous invite implicitement à le faire ? Dans la Rome antique, l'esclavage était légal. Faut-il en conclure que les esclaves n'étaient victimes d'aucune injustice ? Non, bien sûr, parce que le droit ne se limite pas au droit positif ou, pour le dire autrement, parce que le légal n'est pas toujours le juste. Sur quoi donc fonder cette notion de droit d'un point de vue moral ? Pour faire simple, disons que le droit repose sur des intérêts. À partir du moment où un individu a des intérêts, comme celui à ne pas souffrir, il a des droits : droit à ne pas être maltraité, droit à ne pas être tué, etc. C'est parce que l'esclavagisme bafoue ces intérêts ou droits qu'il est condamnable, quand bien même il fut légal à certaines époques. C'est pour la même raison que l'exploitation des animaux devrait être interdite.

Mais Prochiantz s'oppose à ce droit des animaux parce que, dit-il, « c'est nous les humains qui faisons le droit » grâce à notre « développement cortical tout à fait exceptionnel ». Cette position est finalement très proche de celle de Francis Wolff et aboutit donc à la même déplorable conséquence que les êtres humains incapables de formuler des règles morales (enfants en bas âge, personnes séniles et certaines personnes handicapées) n'auraient pas de droit. C'est dommage puisque Prochiantz avait lui-même reconnu que la souffrance est « la question essentielle, si on parle des animaux ». Pourquoi n'y voit-il pas une source de leur droit ? N'a-t-il pas également évoqué l'idée que nous avons des devoirs vis-à-vis des animaux ? La philosophe Florence Burgat, présente à la même émission, lui a même rappelé que reconnaître que l'on a des devoirs envers une personne implique qu'elle a des droits. Mais Prochiantz, mauvais élève, s'avère incapable de prendre en compte cette mise au point dans la suite de la discussion.

Il faut dire qu'il ne semble pas beaucoup se soucier de l'idée de justice. Dans cette émission, il défend en effet sa position de carnivore avec une arrogance qui laisse sans voix. Son tort est moins de l'exprimer (« personnellement, je suis pour la nourriture animale ; j'aime beaucoup le steak »), que de ne pas admettre qu'elle puisse être discutée. Par exemple, quand le journaliste laisse entendre que Prochiantz aurait tendance à critiquer un peu facilement les végétariens, celui-ci répond : « Je ne critique personne, chacun à la liberté de faire ce qu'il veut en fonction de sa conscience ou de ses morales qu'il s'impose à lui-même. [Toutefois, j'ai] toujours de la méfiance vis-à-vis des [végétariens] qui veulent imposer leurs propres critères moraux aux autres. Ces gens-là m'inquiètent. » À quoi il ajoute : le végétarisme est « une question de culture, voilà ». Pour ceux qui ne l'auraient pas remarqué, le propos est hallucinant. Explication.

Il faut bien comprendre que la morale ou l'éthique n'est pas une affaire de goût. Chacun n'est pas libre de choisir ses propres critères moraux. Ceux-ci, une fois définis rationnellement, doivent être imposés à tous les membres d'une société, et au-delà. Par exemple, si certains hommes trouvent tout à fait normal de battre leur femme, il faut les rappeler à l'ordre ; il faut même les condamner s'ils passent à l'acte. Il n'y a aucune méfiance à avoir vis-à-vis des gens qui, de cette manière, « veulent imposer leurs propres critères moraux aux autres ». Au contraire, il faut les féliciter. En revanche, il faut s'inquiéter de ceux qui, comme Prochiantz, ne veulent pas que l'on impose des valeurs morales. Leur attitude revient à laisser la porte ouverte à toutes les violences contre les femmes, pour ne rien dire d'autres méfaits. Le relativisme moral de Prochiantz est finalement extrêmement dangereux.

De toute façon, en ce qui concerne les végétaliens, il faut en finir avec cette idée qu'ils veulent imposer *leurs* critères moraux. Ils demandent simplement à leurs concitoyens d'être cohérents vis-à-vis de leurs propres valeurs morales. De fait, ce ne sont pas uniquement les végétaliens qui considèrent que l'on ne doit pas faire souffrir et tuer un animal quand ce n'est pas nécessaire. La cruauté à l'encontre des animaux fait l'objet d'une réprobation générale dans la société, quand bien sûr les citoyens ne détournent pas le regard. Cette cruauté est même condamnable d'un point de vue juridique. Farid de la Morlette a été condamné pour avoir jeté un petit chat contre un mur juste pour s'amuser. En revanche, Prochiantz peut déguster en toute quiétude un steak provenant d'un animal que l'on a fait souffrir et que l'on a fauché en pleine jeunesse, juste pour satisfaire ses papilles gustatives. Il peut ainsi faire passer son caprice avant la vie d'un animal. C'est cette incohérence que les végétaliens condamnent. Aussi demandent-ils que l'on reconnaisse enfin le droit des animaux à ne pas être découpés en morceaux sans raison impérieuse. Malheureusement, pour prolonger leurs petits moments de plaisir, nombre d'intellectuels français préfèrent se perdre dans des arguties plutôt que de reconnaître ce droit élémentaire...

Les nouveaux Tartuffe

Beaucoup d'intellectuels s'indignent des misérables conditions dans lesquels les animaux de rente sont plongés de nos jours. Mais ils remettent rarement en cause le principe de l'élevage. L'historien et éditorialiste Jacques Julliard participe de cette tendance. Certes, il a formulé quelques propos qui pourraient laisser penser qu'il condamne toute forme de maltraitance envers les animaux. Par exemple, dans un éditorial de novembre 2014, publié dans le magazine *Marianne*, il écrit de façon très juste que le « XXIe siècle sera celui de la cause animale. Après tant d'autres créatures dominées, les esclaves, les prolétaires, les colonisés, les enfants, les femmes, tout indique que les bêtes sont en train d'avoir leur tour[45] ». Dans un éditorial de février 2013, il écrivait déjà : « [L]a barbarie croissante de l'homme moderne [...] a fait de cette planète, pour tous les animaux, sauvages ou domestiques, ou encore d'élevage, un immense

---

45. Jacques JULLIARD, « Le sang des bêtes », *Marianne*, 7-13 novembre 2014, p. 6.

abattoir, un gigantesque camp de concentration, une espèce de nazisme agroalimentaire au cœur du monde qui se croit civilisé[46]. » Enfin, il prédit que le « temps n'est plus très loin où nos descendants rougiront du traitement que ce siècle commençant continue d'infliger à l'animal. Ils ne comprendront même pas que nous n'ayons pas eu conscience de notre barbarie ». Bref, on a envie d'applaudir.

Une lecture plus attentive de ses éditoriaux révèle toutefois une pensée quelque peu ambiguë. Sa critique ne s'adresse en effet qu'à la production de viande qui se fait de manière industrielle et de manière religieuse (halal ou casher). On peut bien sûr penser que le petit éleveur traite mieux ses animaux que l'industriel. Mais tous deux élèvent des animaux pour les tuer. De même, condamner l'abattage casher ou halal, sans critiquer l'abattage avec étourdissement, revient à laisser entendre que seul le premier est problématique. Certes, pour un animal, il vaut mieux être étourdi avant de se faire trancher la gorge. Mais, tout bien pesé, il vaut mieux ne pas aller à l'abattoir. Pourquoi donc Julliard, lui qui voit la cause animale dans le prolongement des grandes luttes de défense des opprimés, ne critique-t-il pas cette vieille habitude malsaine qui consiste à tuer des animaux pour les manger ? Pourquoi ne profite-t-il pas de ses éditoriaux, publiés dans un grand magazine, pour enjoindre ses lecteurs de ne plus participer au grand massacre des innocents ?

---

46. *Id.*, « Le silence des bêtes », *Marianne*, 23 février-1er mars 2013, p. 4.

Si Julliard se contente de condamner une abstraction (« l'homme industriel ») et une pratique religieuse, c'est probablement pour ne pas culpabiliser les lecteurs de *Marianne* qui mettent quotidiennement du lait dans leur café, mangent des gâteaux faits avec des œufs et dégustent de temps en temps une côtelette de veau. Il semblerait d'ailleurs que Julliard n'envisage pas que l'on mette un terme à ces pratiques culinaires. Dans son éditorial de novembre 2014, il ne trouve en effet rien de mieux pour en finir avec les horreurs qu'il dénonce que d'en appeler à des « grandes assises nationales » où on inviterait des « bouchers conservateurs » afin d'élaborer « un programme minimal en direction de l'opinion et des pouvoirs publics ». Si, dans la société voulue par Julliard, les bouchers font partie de la solution, le sang des innocents coulera toujours...

Craquer devant une salade de poulet

Jacques Julliard incarne une certaine forme de bien-pensance qui consiste à condamner les aspects les plus cruels de l'élevage, sans dire un mot contre son principe. La démarche est très courante. Par exemple, en juin 2015, Arno Klarsfeld demande l'inscription des droits des animaux dans la Constitution[47]. Cet avocat très médiatique se félicite d'ailleurs qu'en Inde « la Haute Cour de Delhi vient de prendre des mesures sévères contre le commerce des oiseaux ». Il semble approuver que le « juge [indien ait] précisé que "tous les oiseaux ont le droit fondamental de

---

47. Arno Klarsfeld, « Plaidoirie pour le droit animal », *Paris Match*, 13 juin 2015 (accessible sur http://www.parismatch.com).

voler dans le ciel et qu'aucun être humain n'est autorisé à les garder en cage" ». Pourtant, sans s'en rendre compte, dans le même entretien, Klarsfeld va piétiner les principes qu'il vient de défendre.

Pourquoi introduire un droit des animaux dans la Constitution ? D'après ce qu'il vient de dire, on aurait pu penser que Klarsfeld voudrait leur reconnaître au moins le droit de vivre en liberté. Nullement. L'intérêt de cette reconnaissance est simplement qu'elle « permettrait [...] de faire évoluer les rites religieux, halal ou casher ». Apparemment conscient des limites de sa revendication, Klarsfeld ajoute : « On ne va pas tous devenir végétarien du jour au lendemain, mais la moindre des gratitudes en tuant les bêtes, c'est de ne pas les faire souffrir. » Le propos paraît raisonnable. Il exprime un sens de la mesure et certains diraient une recommandation réaliste quant à la situation actuelle des animaux : à défaut de rendre la société végétalienne, ne faisons plus souffrir les animaux que l'on tue. La proposition est pourtant problématique pour deux raisons. D'abord, affirmer que l'on a de la gratitude envers un animal que l'on tue sans nécessité n'a pas de sens. La moindre des gratitudes consiste à ne pas le tuer. Qui plus est, la proposition sous-entend que les animaux qui passent par les chaînes d'abattage classiques meurent sans souffrir ! De qui Klarsfeld se moque-t-il ?

L'autre problème posé par cette justification est qu'elle bafoue toute idée de justice. En affirmant que l'on « ne va pas tous devenir végétarien du jour au lendemain », Klarsfeld sous-entend que pour respecter les droits des animaux, il faudrait arrêter de les manger. En même temps, en demandant uniquement de « faire évoluer les rites religieux, halal et casher », il relativise l'urgence qu'il y a à arrêter de les tuer. C'est un peu comme s'il disait qu'il n'est pas urgent d'interdire les meurtres puisqu'il y aura toujours des individus qui en commettront et que l'on a qu'à se contenter de réprimer les plus horribles ! Certains lecteurs indulgents diront peut-être que la proposition de Klarsfeld est juste une façon de procéder par étapes vers une société végétalienne. Mais avance-t-on vraiment dans cette direction en perpétuant l'idée qu'il n'y a pas de problème éthique à tuer des animaux pour les manger tant qu'on ne le fait pas d'une manière trop abominable ?

Comme souvent, ce manque de consistance dans l'argumentation s'explique par certaines habitudes culinaires. Sur ce sujet, Klarsfeld nous informe qu'il est « presque végétarien ». Là encore, le sous-entendu est qu'il faudrait qu'il le devienne. Très bien. Malheureusement, il avoue « craquer [pour la] salade de poulet ». Voilà finalement un avocat qui estime que « tous les oiseaux ont le droit fondamental de voler dans le ciel », mais qui aime toutefois en retrouver certains en salade ! C'est moins l'aveu d'une faiblesse personnelle qui est grave. Personne n'est parfait. Le problème est qu'en reconnaissant sur le ton enjoué qu'il peut « craquer » devant un morceau de poulet, il laisse entendre à ses lecteurs que tout un chacun peut se laisser aller à ses petits caprices sanguinaires. D'où l'intérêt de ne pas reconnaître trop de droits aux animaux, à commencer par celui de ne pas se faire charcuter. Les animaux apprécieront[48].

Le colibri carnivore

Avec Pierre Rabhi, les animaux ne sont guère mieux lotis. Voilà un paysan, auteur, philosophe et conférencier, qui demande que l'on cesse « de faire de notre planète paradis un enfer de souffrances et de destructions ». Avec cet objectif en tête, il « défend un mode de société plus respectueux des hommes et de la terre[49] ». Une telle philosophie pourrait sembler propice au respect des animaux. Rabhi va d'ailleurs souvent parler en termes sympathiques et émouvants de ces êtres avec qui nous cohabitons sur terre. Par exemple, dans un livre publié en 2012, *Le Chant de la terre*, il déplore, à leur propos, que nous « nous donnons le droit de les brutaliser, de les faire souffrir de mille et mille façons. [Il] trouve cela lâche car nous avons affaire à l'innocence. Face à l'homme, les animaux sont des innocents persécutés[50] ». Plus loin, il reconnaît que les animaux ont des droits, notamment celui de vivre : « J'affirme que les créatures qui nous entourent ont autant de droits que nous. [...] J'invite les êtres humains

---

48. D'aucuns pourraient être tentés de dire que ces propos d'Arno Klarsfeld ont été maladroits. Pourtant, en novembre 2015, il réaffirme que l'étourdissement permet « aux animaux [...] élevés pour finir dans notre assiette une indispensable dignité » ! Comment y voir une défense des animaux ? Voir Arno KLARSFELD, « Les oiseaux ont le droit constitutionnel de voler dans le ciel », *Libération*, 16 novembre 2015.

49. C'est ainsi qu'il se définit sur son site http://www.pierrerabhi.org (consulté le 24 juillet 2015).

50. Pierre RABHI, *Le Chant de la terre*, La Table ronde, 2012.

à cesser d'être des prédateurs et à regarder les bêtes avec gratitude pour tout ce qu'elles nous donnent. »

En le voyant décrire les animaux comme des « innocents persécutés », on aurait pu s'attendre à ce que Rabhi se fasse le chantre du végétalisme. Que nenni. Bien sûr, avec son credo d'écologiste, il ne va pas se mettre à défendre l'élevage et l'abattage industriels. Mais, dans des propos qui se veulent empreints de sagesse, il refuse néanmoins aux animaux que l'on veut manger le droit de ne pas se faire tuer : « Je ne dis pas que tous les hommes doivent devenir végétariens du jour au lendemain mais je voudrais, lorsqu'ils doivent sacrifier un animal pour s'en nourrir, qu'ils fassent comme les Amérindiens en lui manifestant leur gratitude et en évitant toute souffrance inutile. » Là encore, quelle gratitude manifestons-nous envers un animal que l'on tue pour le plaisir culinaire ? Aucune. Ensuite, comment à la fois affirmer que l'on ne doit pas « imposer aux animaux des souffrances inutiles » et ne pas demander à ses contemporains, qui vivent dans une société d'abondance, de devenir végétaliens ?

La clef de cette incohérence se trouve dans un entretien que Rabhi a donné en février 2015. Comme souvent, on y trouve le refrain contre l'élevage industriel qui serait « le cœur du problème » de notre rapport aux animaux : « Concentration hors sol, nourriture inadaptée, maladies, stress, etc. : cela n'est pas admissible[51]. » Toute personne éprise de justice est heureuse de découvrir cette condamnation. Mais la décep-

---

51. *Id.*, « La base de la vie est la santé, la base de notre santé est l'alimentation », *Kaizen*, 16 février 2015 (accessible sur http://www.kaizen-magazine.com).

tion est une fois de plus au rendez-vous. D'abord, selon Rabhi, pourquoi l'élevage industriel est-il inadmissible ? N'est-ce pas parce que les animaux souffrent ? Nullement. C'est simplement parce que les « protéines issues de la souffrance animale sont forcément nocives pour nous » ! Autrement dit, derrière les belles paroles, Rabhi n'a pas le souci de la justice pour les animaux ; seul l'intérêt des humains compte. Il en tire la conclusion que l'on peut continuer à tuer les animaux s'ils ne sont pas trop mal traités : « Donc, continuer à manger de la viande, oui cela est possible, en fonction des besoins de chacun, mais tout dépend des conditions de production. »

Ensuite, l'autre motif de déception est que, concernant la consommation de la viande, des œufs et du lait, Rabhi va mettre en avant le choix personnel de chacun : « Il revient à chacun le libre arbitre de choisir son alimentation. Je ne suis pas moi-même végétarien. [...] Tomber dans des régimes péremptoires me semble dangereux. Il est important que chacun reste à l'écoute de ses ressentis. » Lui qui a écrit que les animaux sont des « innocents persécutés », qui ont « autant de droits que nous », le voilà donc qui affirme aussi que l'on a le droit de les tuer si on en a le désir ou le ressenti. Comme si le végétalisme était une question de choix personnel ! C'est une question de justice. Manger de la viande, du lait et des œufs fait des victimes. Mais, pour se sentir moins coupable, Rabhi s'invente des histoires. Ainsi, il soutient qu'il a besoin de « protéines animales » et se laisse aller à dire que « nous portons tous en nous une hérédité qu'il est difficile de renier [et que, dans son] cas, il s'agit de l'alimentation carnée des peuples du désert ». C'est pourtant ce même auteur qui invite « les êtres humains à cesser d'être des prédateurs ». Comment s'y retrouver dans ce salmigondis[52] ?

Le végétarien ami des bouchers

Histoire de dérouter encore plus ceux qui se posent des questions sur la consommation des produits d'origine animale, on peut compter sur le journaliste Franz-Olivier Giesbert. En 2014, à l'occasion de la parution de son livre *L'Animal est une personne*[53], il a été invité sur de nombreux plateaux de télévision. Cet ouvrage et ces interventions médiatiques ont été pour lui l'occasion de faire son coming out végétarien et de déclarer son amour pour les bêtes. Giesbert aime manifestement les animaux. Il les a beaucoup côtoyés lors de son enfance à la campagne et garde un grand intérêt pour ces êtres qu'il perçoit comme des frères et sœurs. Il profite d'ailleurs de ce livre et de ses interventions médiatiques pour dénoncer les actuelles conditions d'élevage et d'abattage des animaux.

Le problème est que la posture de Giesbert n'est pas sans ambiguïté. D'abord, s'il se définit comme végétarien, c'est de manière assez flexible. Dans son livre, il écrit ainsi : « [J]e ne mange jamais de thon, animal sophistiqué, dont la

---

52. Ceux qui auraient encore des doutes sur le manque de considération de Pierre Rabhi envers les animaux peuvent lire avec profit un entretien qu'il a donné en octobre 2016. Évoquant les restrictions alimentaires, qui selon lui rendraient les gens tristes, il s'exclame : « "Bouffez un bifteck et soyez heureux !" La joie de dîner entre amis ou en famille est essentielle. » Voir Pierre RABHI, « L'alimentation est devenue suspecte », *Le Figaro*, 21 octobre 2016 (accessible sur http://www.lefigaro.fr).
53. Franz-Olivier GIESBERT, *L'Animal est une personne. Pour nos sœurs et frères les bêtes*, Fayard, 2014.

chair ressemble à la nôtre, mais je ne résiste pas devant des sardines qui, pour ce que j'en sais, ne sont pas très futées [p. 35]. » Autrement dit, avec Giesbert, malheur aux simples d'esprit. Dans un autre texte publié la même année, il reconnaît encore que, en termes de végétarisme, il « n'est pas un puriste » : « Si je ne mange jamais de viande de mammifères, je m'autorise régulièrement des dérogations pour les poulets[54]. » Drôle de végétarisme ! Manger ses frères et sœurs les poulets ! Là encore, il n'est pas question de jeter la pierre sur tous ceux qui n'adoptent pas un comportement irréprochable vis-à-vis des animaux. Le problème est qu'en utilisant tout son pouvoir médiatique pour clamer haut et fort que les animaux sont des personnes que l'on peut « régulièrement » manger, Giesbert livre un message très ambigu à tous ses lecteurs et auditeurs.

Un deuxième problème avec la posture de Giesbert est qu'elle ne contient pas vraiment de critiques de l'élevage et de l'abattage des animaux. Il se complaît même dans la situation actuelle, quand le travail est bien fait. Par exemple, dans son ouvrage, relatant la visite d'un abattoir qui n'est pas trop soumis aux cadences industrielles, le voilà qui se déclare satisfait : « Après être allé d'un poste à l'autre, de la tuerie proprement dite jusqu'à la pesée de la carcasse, la vérité m'oblige à reconnaître que je n'ai rien trouvé à redire. Il y avait là une atmosphère d'hôpital, un mélange de rigueur et de respect [p. 131]. » Ses reproches ne s'adressent ainsi qu'à l'abattage qui se déroule à des cadences industrielles et

---

54. *Id.*, « Soyons humains avec les bêtes », dans Franz-Olivier GIESBERT (dir.), *Manifeste pour les animaux, op. cit.*, p. 44.

surtout suivant les rites juif et musulman. Du coup, il suffirait que le gouvernement impose que les animaux soient tués sans précipitation et avec étourdissement préalable pour que Giesbert soit content.

Cette étrange posture de Giesbert explique que, tout en se présentant comme un végétarien, il déclare son amour pour les bouchers, du moins ceux qui ont « le respect des bêtes [*sic*], des éleveurs, [et] de l'environnement[55] ». Aussi invite-t-il Hugo Desnoyer, un boucher qui, paraît-il, fournit les plus grandes tables de Paris, à contribuer à un ouvrage « à la gloire des animaux [p. 113] », s'intitulant justement *Manifeste pour les animaux* (2014). Le boucher en question peut alors décrire comment il fait en sorte que les animaux ne se crispent pas quand il les tue et comment, en ce qui le concerne, il aime bien découper la viande avec délicatesse, par respect. Il nous dit aussi pourquoi il s'est mis à faire passer de la musique classique à ses bêtes avant de les abattre : « [Ç] a les calmait[56]. » Il est évident qu'elles doivent apprécier. Qui n'apprécierait pas ?

Trêve de sarcasmes. Giesbert peut aimer les bouchers. C'est son droit. Toutefois, en intitulant son livre *Manifeste pour les animaux*, alors que ce dernier aurait dû s'intituler *Manifeste pour la bonne viande*, il ne contribue pas à clarifier le problème de la consommation de produits d'origine animale. Il n'est pas impossible que, à travers ses critiques de

---

55. *Id.*, « Présentation de Hugo Desnoyer », dans Franz-Olivier GIESBERT (dir.), *Manifeste pour les animaux, op. cit.*, p. 113.
56. Hugo Desnoyer, « Avec les bêtes... », dans Franz-Olivier GIESBERT (dir.), *Manifeste pour les animaux, op. cit.*, p. 119.

l'abattage industriel ou rituel, il ait incité quelques lecteurs à devenir végétariens. En même temps, chanter les louanges de certains bouchers, c'est laisser entendre que la consommation de viande est légitime. Bien sûr, sur ce sujet, Giesbert n'est pas le pire défenseur du système. Le problème est qu'en prétendant parler au nom des animaux, tout en faisant l'éloge de ceux qui les massacrent, il est comme un traître à leur cause. Il laisse un goût d'autant plus amer que ceux qui ont vraiment le souci des animaux regretteront toujours qu'il n'ait pas profité de son aura médiatique pour demander haut et fort que l'on arrête de les égorger à tour de bras.

La stratégie de l'évitement

En septembre 2013, la romancière Isabelle Sorente publie un roman qui dépeint sans concession les conditions de vie sordides dans les élevages de cochons, aussi bien pour les bêtes que pour le personnel. Le livre s'intitule *180 jours* en référence à la durée de vie très courte de ces mammifères sensibles et intelligents : 180 jours à vivre dans un bâtiment fermé, sur un sol en béton ou en caillebotis, sans voir la lumière du jour, avant d'être envoyé à l'abattoir ; autrement dit, 180 jours de misère. Pour profiter du fait qu'une romancière reconnue s'empare d'un sujet trop souvent occulté dans la société, Armand Chauvel qui anime un blog consacré au végétalisme invite Sorente à lui accorder un entretien[57]. Allant droit au but, il demande à la romancière ce qu'elle pense « du végétarisme en tant que réponse à l'élevage industriel ». De façon très surprenante, Sorente répond :

---

57. Isabelle Sorente, « La romancière Isabelle Sorente démystifie le végétarisme », *Vegeshopper*, 15 octobre 2013 (accessible sur http://www.vegeshopper.com).

« L'élevage industriel n'est pas un problème à régler, un problème qui impliquerait une solution sur mesure, ce serait une façon bien trop rationaliste d'envisager une question de vie ou de mort. » Elle continue en disant que la façon dont nous choisissons de faire vivre et mourir des millions d'êtres vivants « ne peut qu'être individuelle » et « que le végétarisme n'est pas "la solution" ». C'est vraiment dommage ! Pour une fois qu'une romancière reconnue évoque l'abomination des élevages industriels, il est regrettable qu'elle ne réfléchisse pas à la cause principale de cette abomination.

Trois ans plus tard, Sorente rate encore une occasion de mettre sa notoriété au service des animaux. Cette fois-ci, elle est invitée à participer à l'émission *Réplique* sur France Culture[58]. Elle commence par y dire que les visites qu'elle a effectuées dans les élevages de cochons pour écrire son roman ne l'ont pas conduit à devenir végétarienne, malgré leur côté sordide, parce qu'elle veut rester « intégrée à cette chaîne [...] de cruauté naturelle » ! Pourquoi toujours ce désir de cruauté ? Ensuite, après que le philosophe Alain Finkielkraut, qui anime l'émission, a présenté très positivement les thèses abracadabrantes de Jocelyne Porcher, Sorente lui emboîte le pas et avance que cette dernière a le mérite d'accepter « le destin tragique de l'humain ». Enfin, elle enfonce le clou en affirmant qu'elle s'oppose aux viandes de substitution parce que, là encore, ce serait « une négation du destin tragique de l'être humain ». On croit rêver ! S'il y a un destin tragique, c'est avant tout celui des cochons que

58. Émission *Réplique* : « La littérature et la condition animale », France Culture, 5 novembre 2016 (accessible sur https://www.franceculture.fr).

l'on fait naître, vivre dans des conditions déplorables et que l'on égorge à la chaîne. Une fois de plus, comme tant d'autres carnivores, Sorente fait fi de la logique pour éviter de se remettre en cause.

L'art de se défiler

Cette stratégie de l'évitement, finalement assez courante, confine parfois à une forme de lâcheté. Par exemple, en octobre 2015, sur BFMTV, le journaliste Jean-Jacques Bourdin s'entretient avec Brigitte Gothière, la porte-parole de l'association L214, après la diffusion d'images prises dans l'abattoir d'Alès[59]. Son interlocutrice commence par lui expliquer que ces images ne sont pas propres à cet abattoir : elles reflètent une situation générale. La mise à mort des animaux dans les abattoirs ne se fait jamais sans cruauté : les animaux résistent, sont paniqués, se débattent, tentent de s'échapper et souffrent quand ils sont étourdis et tués. Bourdin reconnaît que les images de l'abattoir d'Alès sont « effroyables » et qu'il faut dénoncer ces mauvaises conditions d'abattage. Mais il tient à affirmer sur un ton condescendant son désaccord avec l'objectif de l'association de mettre un terme à la consommation de viande. Sans se démonter, son interlocutrice lui demande alors s'il considère que « faire du mal à quelqu'un sans nécessité, c'est juste ? » Bourdin ne peut que reconnaître que « c'est injuste ». Poussant son avantage, son interlocutrice lui demande s'il est juste de tuer des animaux qui « sont des êtres sensibles ; [qui] ont envie de vivre ». Mais, cette fois, Bourdin

---

59. Émission *Bourdin Direct*, BFMTV, 15 octobre 2015 (accessible sur http:// rmc.bfmtv.com).

refuse de répondre. Désemparé, prix au piège de la logique, il coupe court à toute discussion et passe à autre chose.

Là où ce manque de courage devient pathétique, c'est quand, quelques mois plus tard, Bourdin reçoit le ministre de l'Agriculture, Stéphane Le Foll[60]. Le journaliste l'interroge sur une récente proposition de loi d'interdiction du gavage des oies et des canards en raison de la cruauté de cette pratique. Sans trop de surprise, le ministre exprime son désaccord avec la proposition de loi et avance que cette pratique est une tradition qu'il faut préserver. Il poursuit en affirmant qu'il faut bien sûr « respecter le bien-être animal » et soutient qu'il s'y engage. Il faut donc, selon lui, « arrêter ces débats ». Sans sourciller, Bourdin obtempère et passe à un autre sujet. Bizarre. Alors qu'il connaît la méthode de fabrication du foie gras, comment peut-il laisser le ministre s'en tirer à si bon compte ? Comment ne pas lui rire au nez quand ce dernier prétend qu'il peut y avoir un respect des animaux dans le gavage ? Laisser passer une telle contre-vérité sans porter la contradiction ne fait pas honneur à la profession de journaliste.

Remarquons que, à la lâcheté, certains préfèrent la mauvaise foi. Le 23 février 2016, l'association L214 diffuse des images tournées en cachette dans le petit abattoir du Vigan, dans le Gard, certifié bio. C'est le genre d'abattoir dont les partisans de la « viande heureuse » vantent les mérites. N'étant pas soumis aux cadences élevées de l'industrie, les animaux sont censés y être tués dignement. Or, pas de

---

60. Émission *Bourdin Direct*, BFMTV, 27 janvier 2016 (accessible sur http:// rmc.bfmtv.com).

chance, les images diffusées sont terribles. On y voit des animaux suspendus par une patte reprendre conscience après avoir été étourdis et se débattre comme ils peuvent ; on y voit le personnel violenter très durement les animaux quand ceux-ci résistent ; et, comble de l'horreur, on voit aussi ce personnel s'amuser en leur donnant des décharges électriques. Une fois de plus, la France est en émoi, d'autant plus qu'il n'est plus possible d'incriminer l'industrie. Tous les médias en parlent. Dans le flot de commentaires, le philosophe Raphaël Enthoven décide d'en faire le sujet de sa chronique quotidienne sur Europe 1[61].

Dans celle-ci, plutôt que de parler des images en elles-mêmes, il préfère s'intéresser à la façon dont elles sont présentées. Comme pour les images de l'abattoir d'Alès, l'association L214 les a fait commenter par une personne « médiatique ». Pour Alès, c'était la comédienne Hélène de Fougerolles ; pour Vigan, c'est la chanteuse Nili Hadida. Or, dès le début de sa chronique, Enthoven reproche à ces deux personnes de conclure « la diffusion de ces images épouvantables par une profession de foi [en faveur du végétarisme] ». Le journaliste qui sert de répondant à Enthoven lui dit qu'il ne voit pas de problème à ces déclarations et que ces personnes ont bien le droit d'être végétariennes. Enthoven répond : « Bien sûr, mais pas de confondre les combats. » Puis, il ajoute aussitôt : « Ce qui est malhonnête ici, c'est de mettre implicitement sur le même plan le fait de manger de la viande et le fait de

---

61. Chronique *La Morale de l'info* : « Manger de la viande n'est pas un crime, et s'en abstenir n'est pas une vertu », Europe 1, 24 février 2016 (accessible sur http://www.europe1.fr).

La stratégie de l'évitement

torturer les animaux [...], comme si on participait à l'ignoble supplice d'un mouton que l'on jette sans ménagement en le tenant par une patte dans une boîte à mort en mangeant des côtelettes d'agneau [...]. Le problème n'est pas que l'on mange de la viande. Le problème c'est la façon dont on tue les animaux. Or ça n'a rien à voir. » Pour préciser sa pensée, Enthoven poursuit en affirmant, premièrement, « qu'il n'y a aucun rapport entre torturer un animal et manger de la viande, sinon tous les prédateurs seraient des tortionnaires » et, deuxièmement, qu'être « végétarien quand vous pouvez manger de la viande, c'est récuser l'animal en vous et c'est mettre l'homme sur un piédestal».

À un niveau superficiel, on pourrait reprocher à Enthoven de noyer le poisson. Voilà des images qui choquent tout le monde et que lui-même trouve « épouvantables ». Pourtant, il préfère s'en prendre au message qui les accompagne, plutôt que d'adresser le problème qu'elles révèlent. Ce n'est donc pas une chronique qui va inciter ses auditeurs à réfléchir à ce qui les a choqués. Plus fondamentalement, ces propos d'Enthoven révèlent que lui-même n'a pas réfléchi à cette violence car, s'il est vrai que manger un animal n'est pas, à strictement parler, le torturer, cela revient quand même cautionner sa mise à mort. Or, on aura beau se raconter les histoires que l'on veut, tuer des animaux est toujours violent pour la simple raison qu'ils ne vont pas de gaieté de cœur se faire couper la gorge. Bien sûr, le personnel des abattoirs n'agit pas toujours avec autant de violence et de sadisme qu'à l'abattoir du Vigan. Mais tous les témoignages confirment que cette situation n'est pas exceptionnelle.

Cela se comprend. Les « tueurs » professionnels ne sont pas là pour s'occuper du bien-être des animaux. Ils doivent les tuer, à longueur de journée. Pour être efficaces, ils doivent nécessairement se désensibiliser et étouffer tout sentiment de compassion. Sinon, ils laisseraient tomber les couteaux. Du coup, des actes de sadisme se produisent régulièrement.

Reste les deux arguments « chocs » d'Enthoven. Comme on l'a vu, le premier consiste à dire que manger de la viande ne peut s'apparenter à de la torture, « sinon tous les prédateurs seraient des tortionnaires ». Effectivement, les prédateurs ne sont pas des tortionnaires. Le lion qui dévore la gazelle vivante ne le fait pas pour s'amuser ou se faire plaisir. C'est pour lui une question de vie ou de mort. Or quand Enthoven déguste une côtelette d'agneau, c'est-à-dire le morceau du cadavre d'un bébé, il le fait juste pour son plaisir. Il cautionne un système qui a arraché cette pauvre bête à sa mère, l'a maltraitée et lui a tranché la gorge, juste pour agrémenter son repas. Il encourage ainsi une cruauté qui ne répond à aucune nécessité. En ce sens, Enthoven est complice d'un système qui persécute des êtres innocents.

Le second argument d'Enthoven consiste à dire que refuser de manger de la viande, quand physiologiquement on peut le faire « c'est récuser l'animal en [n]ous ». Manifestement, comme avec Dominique Lestel, on frise le délire. Il y a plein de choses que les animaux font, que les êtres humains pourraient faire, mais qu'ils s'abstiennent de faire. Par exemple, les hommes pourraient se battre entre eux pour avoir la mainmise sur les femmes et dévorer les enfants de leurs concurrents. Pourtant, ils ne le font pas. Est-ce pour autant qu'ils récusent l'animal qui est en eux en n'adoptant pas ces comportements ? Pourquoi donc s'abstenir de manger de la viande reviendrait-il à nier notre animalité ? Il est quand même stupéfiant de voir un philosophe oublier que l'éthique ou la morale consiste à réfléchir à la légitimité d'actes que l'on peut commettre.

Des paroles et des actes

Il n'est pas très surprenant de découvrir que nombre d'intellectuels refusent d'assumer leurs responsabilités. Mais avec Michel Onfray on pouvait espérer mieux. Auteur à succès, philosophe très écouté, son influence sur la société française est incontestable. C'est surtout un intellectuel qui n'a pas peur de s'en prendre aux idées dominantes et qui manifeste un réel souci pour la triste condition des animaux[62]. Qui plus est, il répète souvent que l'on doit juger un penseur à la façon dont il met en accord ses idées avec sa façon de vivre. L'adéquation entre l'œuvre et l'existence est, selon lui, la marque d'un grand philosophe. Aussi y avait-il des raisons de se réjouir quand, en 2001, il reconnaissait que « sur le papier, [il] adhère totalement au discours qui conclut à la nécessité du végétarisme[63] ». On pouvait s'attendre à ce qu'il se déclare végétarien et qu'il somme ses concitoyens à le devenir. Pourtant, Onfray s'empressa d'ajouter : dans « la vie, je ne peux me passer dans ma cuisine des poissons, des crustacés, de la viande » ! Encore une fois, c'est moins la faiblesse personnelle qui est consternante

---

62. Voir, par exemple, Michel Onfray, « L'animal, cette partie mémorielle de nous-mêmes », *Le Devoir*, 14 novembre 2012.
63. Michel Onfray, *Philosophie magazine*, n° 50, juin 2001.

que de voir Onfray laisser entendre à ses lecteurs que l'on peut très bien ne pas être végétarien même si on pense que c'est une nécessité de l'être !

Onfray va d'ailleurs s'illustrer une autre fois dans ce genre de discours qui reconnaît la valeur des arguments des végétaliens, mais qui saborde aussitôt la portée de cette reconnaissance par son refus de les prendre en compte pour des prétextes fallacieux. En mars 2015, il a ainsi publié dans la collection qu'il dirige aux Éditions Autrement un recueil d'articles de penseurs engagés dans la cause animale : *Bêtes humaines ? Pour une révolution végane*[64]. Il mérite d'être félicité d'avoir assuré la diffusion de ces pensées peu connues dans le paysage intellectuel français. Probablement parce qu'il se sentait très intéressé par le sujet, il a écrit la préface de l'ouvrage[65]. Dans celle-ci, après avoir rappelé quelques arguments en faveur du véganisme, il en arrive à la conclusion que les véganes « ont raison [p. 10] ». Il semble en effet être d'accord avec eux pour considérer qu'il n'est pas simplement question d'améliorer la condition des animaux de rente, comme on l'entend souvent, mais d'arrêter de les exploiter, parce que faire « écouter une symphonie de Mozart [à une vache] avant de l'étourdir au merlin, puis de la saigner avec un long couteau, c'est [comme] mettre des fleurs à l'entrée du camp nazi [p. 10] ». Il précise même que « le refus de la

---

64. Méry Pinque (dir.), *Bêtes humaines ? Pour une révolution végane*, Éditions Autrement, 2015.
65. Michel Onfray, « Ce que tu fais au plus petit des bigorneaux... », préface de l'ouvrage de Méryl Pinque (dir.), *Bêtes Humaines ? Pour une révolution végane, op. cit.*

viande du végétarien qui consomme des laitages est une inconséquence éthique insane [...]. Boire du lait, manger du fromage, des produits laitiers, c'est légitimer le meurtre du petit de la bête [p. 10] ».

Malheureusement, après ce début encourageant, Onfray sort de son chapeau trois arguments éculés contre le véganisme : l'argument du « cri de la carotte », celui de la maison en feu et celui de la disparition des humains. Commençons par le premier. Onfray a appris que des plantes « communiquent » entre elles pour se défendre contre des agresseurs. Cette réaction évoque chez lui une certaine « intelligence végétale [p. 12] » et une « authentique intelligence sociale [p. 13] ». Il y voit même une indication que les plantes sont sensibles. Onfray, fier de sa trouvaille, pense alors pouvoir coincer les véganes. Eux qui disent qu'il ne faut pas consommer d'êtres sensibles, faudra-t-il qu'ils s'interdisent « de consommer *aussi* les végétaux ? » Avec cette question, Onfray laisse entendre que la position des véganes n'est pas tenable. Celui qui chercherait à le devenir serait soit suicidaire (s'il était cohérent en ne mangeant aucun être sensible) soit incohérent (en mangeant certains êtres sensibles, mais pas d'autres).

Le problème est que les caractéristiques des plantes qu'évoque Onfray n'impliquent pas une capacité à souffrir, qui est une condition nécessaire pour être objet de considérations morales. Il y a en effet de nombreux processus vitaux de cet ordre qui se font sans conscience, notamment chez les animaux (comme la digestion, par exemple). Il est également difficile de comprendre pourquoi, du point de vue de l'évolution, les plantes auraient développé cette caractéristique qui leur serait peu utile. Quand elles se font manger, elles peuvent diffuser des répulsifs de façon automatique, mais elles n'ont pas la possibilité de se soustraire à ceux qui les mâchent. Un animal a, quant à lui, non seulement la possibilité de fuir, mais a également les moyens de choisir sa stratégie de défense, ne serait-ce qu'en choisissant la direction de sa fuite. Sa réaction face à une attaque n'est donc pas prédéter-minée comme celle d'une plante. Qui plus est, pour que l'on puisse parler d'être sensible, il faut qu'il y ait un individu à même d'éprouver des sensations de plaisir et de douleur. Or les plantes n'ont pas de système nerveux central et chaque partie est relativement autonome vis-à-vis des autres. Cette caractéristique, qui rend possibles les boutures, souligne le caractère problématique de toute notion d'individualité chez les plantes. Quand une feuille est arrachée à un arbre, quelle partie souffrirait ? La feuille ? La branche ? Le tronc ? Les racines ? Bref, il est difficile de voir dans une plante un individu sensible. D'ailleurs, ceux qui évoquent ainsi une supposée sensibilité des plantes pour tenter d'embarrasser les véganes n'y croient pas vraiment, sinon il y a longtemps qu'ils auraient fait la même objection aux jardiniers et aux footballeurs qui piétinent le gazon.

Le deuxième argument d'Onfray est celui de la maison en feu. Le voici : « [S]i un jour d'incendie, je devais [...] sauver soit le poisson rouge de ma voisine, soit ma voisine, c'est sans aucun problème de conscience que je laisserais le poisson cuire dans son aquarium et que je sortirais du feu ma voisine – fût-elle ma pire ennemie [p. 13]. » Ce genre d'expérience de pensée est intéressant pour réfléchir aux valeurs morales respectives que l'on attribue à différents types d'êtres vivants. Malheureusement Onfray ne comprend pas que ces réflexions n'ont pas d'incidence pratique sur la question du végétalisme. De fait, qu'il faille ou non sauver sa voisine avant son poisson rouge ne rendrait en rien légitime, dans une autre situation, de tuer ce dernier par caprice, pour le manger par exemple. Pourquoi donc cette supposée priorité que l'on doit accorder aux êtres humains rendrait-elle légitime de consommer des vaches, cochons et poules ? Ces animaux ne sont pas dans des maisons en feu et, en les mangeant, on ne sauve personne.

Le dernier argument d'Onfray consiste à dire que « si [...] l'universalisation de la maxime végane devenait effective, [les] milliers d'espèces domestiquées pendant des millions d'années par les hommes redeviendraient sauvages ; dès lors, elles auraient vite fait d'en finir avec un humain converti au refus de tuer son semblable non humain ! [p. 13] » Autrement dit, le véganisme risque d'entraîner la disparition de l'humanité. Manifestement, Onfray oublie que, le jour où on arrêtera de manger des vaches, des cochons et des poules, on ne les fera plus se reproduire à des cadences industrielles. Il n'y a donc pas à craindre qu'ils nous submergent. Quand donc Onfray se mettra-t-il à réfléchir[66] ?

---

66. Notons que Michel Onfray reconnaît lui-même qu'il ne réfléchit pas. Ainsi, en 2016, sur France Culture, se laisse-t-il aller à dire : « Si je pense, je deviens végétarien. Et si je mange de la viande, c'est parce que je n'ai pas pensé. [...] À chaque fois que je pense la viande que je mange, et bien je pense que la vérité est du côté des végétariens et que même, d'une certaine manière, la vérité est du côté des véganes. » Voir la chronique *Le Monde selon Michel Onfray* : « Si je pense, je deviens végétarien », France Culture, 2 avril 2016 (accessible sur http://www.franceculture.fr).

La disparition des animaux

Ironiquement, à l'inverse de Michel Onfray, la plupart des intellectuels carnivores ont peur que, avec la généralisation du végétalisme, les animaux domestiques disparaissent de la surface de la terre. D'ailleurs, c'est un scénario que même le « végétarien » Franz-Olivier Giesbert met en avant pour justifier sa crainte de voir le végétarisme se généraliser. Dans un article de 2015, il écrit ainsi qu'il « y aura toujours des amateurs de bifteck ici-bas et [que] ce serait un tort de le déplorer : une terre sans viande ne serait-elle pas une terre sans vaches, et une terre sans vaches, une terre triste comme la mort ? Tel est le grand dilemme des végétariens, qui peuvent se demander si, à force d'aimer les animaux de boucherie, ils ne vont pas les faire disparaître de la surface de la planète[67]. »

La forme de regret qu'expriment ces propos est toutefois déplacée. Il faut bien comprendre que les animaux consommés ont déjà presque disparu de nos campagnes. En effet, en France, ce sont environ 3 millions d'animaux (principalement des poules) qui, chaque jour, sont exécutés dans les abattoirs. Sur l'année, cela fait à peu près 1 milliard d'animaux. Pour la plupart, ils sont tués quand ils ont moins

---

67. Franz-Olivier Giesbert, « Pour l'animal, qui est une personne ! », *Le Point*, 5 novembre 2015, p. 74. Ce désir que la société ne devienne pas végétalienne se retrouve d'ailleurs souvent chez cet « ami » des animaux. Par exemple, dans le même article, il écrit aussi : « Que les viandards se rassurent : il ne s'agit pas d'interdire leurs mets préférés. » Ou encore, dans son ouvrage *L'Animal est une personne*, il écrit qu'il entend « empiéter sur la liberté alimentaire de personne » mais « réclame simplement du respect pour les bêtes à manger de la naissance à la tuerie [p. 144] ».

d'un an (les veaux, c'est avant 6 mois ; les cochons, c'est 6 mois ; les poulets de chair, c'est 6 semaines). Ce rythme de mise à mort implique que, à n'importe quel moment de l'année, il y a plus de 100 millions d'animaux de rente sur le territoire français. Pensez-vous qu'avant d'être égorgés ils gambadent paisiblement dans les champs et les basses-cours ? Bien sûr que non. La quasi-totalité des animaux consommés vit entassée dans des bâtiments fermés, à l'abri des regards, dans des conditions déplorables. Il est donc toujours sinistre d'entendre un intellectuel faire passer son plaisir esthétique avant la vie d'autrui et regretter que la généralisation du végétalisme entraîne la disparition des vaches, poules et cochons[68].

Cela dit, il est vrai que ces animaux n'existent que parce qu'on les fait se reproduire. Si on arrête de les manger, il n'y aura plus d'intérêt économique à les faire naître. Pour autant, l'abolition des abattoirs n'implique pas leur complète dispa-rition. De fait, les chiens et les chats sont plusieurs dizaines de millions sur le territoire français. Pourquoi faudrait-il donc que les animaux domestiques disparaissent complète-ment si on arrête de les charcuter ? Il est probable que les poules, les cochons et les vaches ne vont pas devenir nos nouveaux animaux de compagnie, du moins pas à la même échelle. Mais rien n'interdit de penser qu'un petit nombre

---

68. Cette indécence atteint des sommets avec le philosophe Alain Finkielkraut quand celui-ci soutient qu'une disparition des animaux de rente serait un « cauchemar ». Pour éviter ce désagrément esthétique, il souhaite donc que l'on continue à les faire naître et à les égorger à la chaîne. Émission *Répliques* : « Faut-il politiser la cause animale ? », 4 février 2017, France Culture (acces-sible sur https://www.franceculture.fr).

L'imposture intellectuelle des carnivores

de ces animaux pourraient continuer à vivre à la campagne, dans une nouvelle forme de relation avec des êtres humains. Par exemple, il existe déjà des refuges qui accueillent ces animaux sans les exploiter. Ce type d'expérience pourrait se développer. Plutôt que de pleurer une disparation des camps de concentration où sont parqués des millions d'animaux, ne faudrait-il pas se réjouir de voir s'établir, grâce à la généralisation du végétalisme, des relations pacifiées avec les animaux domestiques ?

L'APPEL À LA TRADITION

Le lundi 9 novembre 2015, des membres de la Ligue de protection des oiseaux, dont son président Allain Bougrain-Dubourg, ont été violemment pris à partie par des habitants d'un village des Landes alors qu'ils menaient une opération contre le braconnage des pinsons, une espèce protégée. La scène, à la fois violente et rocambolesque, notamment parce qu'un des riverains apparaissait en slip, armé d'une pelle, a été filmée par des journalistes présents sur place et a ensuite fait le tour des médias. La violence des chasseurs a été doublement mise en cause : d'abord parce qu'elle s'exerçait contre une espèce protégée, ensuite parce qu'elle était tournée contre ceux qui venaient s'opposer à leur méfait.

Profitant du bruit autour de ce fait divers, l'humoriste Guillaume Meurice en a fait le point de départ de sa chronique sur France Inter deux jours plus tard[69]. Le principe

---

69. Chronique *Le moment Meurice* : « Chasse au pinson », France Inter, 11 novembre 2015 (accessible sur http://www.franceinter.fr).

de ses « billets » consiste à poser des questions toutes simples à des personnalités diverses et à faire sourire, voire rire, ses auditeurs avec le caractère incongru de leurs réponses. Celui qui est interrogé est finalement le dindon de la farce. Ce jour-là, Meurice interroge donc le président de l'Union landaise des chasses traditionnelles. Il lui demande : « Pourquoi chasse-t-il le pinson ? » Le chasseur répond : « Parce qu'on a toujours chassé le pinson dans les Landes. » Surpris par cette réponse laconique, Meurice relance sa question en demandant : « C'est juste pour cette raison-là ? » Le chasseur confirme : « Ben oui. Pour quelle raison ? On chasse parce qu'on chasse. » Meurice, sur le ton hilare poursuit en disant avec ironie que, effectivement, « on ne voit pas pourquoi la société devrait toujours évoluer, sinon vous verrez qu'un jour on donnera le droit de vote aux femmes ».

Avec sa chronique, Meurice a très bien réussi à tourner en dérision le simple appel à la tradition pour justifier une pratique cruelle. Non pas que la tradition n'ait aucune valeur. Elle peut renforcer notre attachement envers une pratique que l'on trouve, par ailleurs, tout à fait justifiée. Mais une pratique, qui plus est cruelle, doit avoir d'autres raisons d'être que son ancienneté pour être défendue. C'est parce qu'il ne l'avait pas compris que le président de l'Union landaise des chasses traditionnelles a été la risée du chroniqueur de France Inter et de nombreux auditeurs. Humour qui jouait d'ailleurs sur le caractère potentiellement dangereux de cet appel à la tradition. En effet, que ne pourrait-on pas justifier par la tradition ? La domination masculine, comme ironisait

Meurice ? Ou l'esclavage, l'excision, la torture, et ainsi de suite ? Bref, il est clair que l'appel à la tradition n'a pas valeur d'argument.

La tradition culinaire

Naïvement, on aurait pu penser que cette référence à la tradition n'était plus utilisée par les intellectuels pour justifier une pratique. Malheureusement, ce n'est pas le cas. Élisabeth de Fontenay est de ceux qui se complaisent à y recourir. D'une manière générale, cette philosophe n'aime pas les végétaliens. Elle le dit et le répète dans presque toutes ses interventions sur la question animale. Or, parmi ses griefs, il y a le fait que ces défenseurs des animaux ne font pas référence à la tradition. Par exemple, dans le livre d'entretiens avec la journaliste Karine Lou Matignon, elle dit ainsi : « Ce que je reproche au radicalisme animaliste, c'est la non-prise en compte de certaines traditions immémorialement [*sic*] ancrées dans le devenir des hommes : celle de la tradition culinaire[70]. » N'en déplaise à la grande philosophe de la cause animale, les végétaliens font de la consommation des produits d'origine animale une question éthique. Leurs analyses les ayant conduits à conclure que manger des animaux n'était pas moral, ils n'ont aucune raison de prendre en compte le fait que cette consommation relève d'une tradition culinaire. Irait-on reprocher aux antiesclavagistes de ne pas prendre en compte la tradition

---

70. Élisabeth DE FONTENAY, « Les animaux considérés », *op. cit.*, p. 133.

esclavagiste de telle ou telle contrée dans leur lutte en faveur de l'abolition de l'esclavage ?

Quand une philosophe reconnue fait ainsi appel à la tradition pour justifier le massacre des innocents, le plus grave est que cet appel s'en trouve « intellectuellement » légitimé. D'autres peuvent en user, voire en abuser. L'orfèvre en la matière est probablement le journaliste et gastronome Périco Légasse. Dans presque toutes ses interventions sur la question animale, il n'hésite pas à opposer les mérites de la tradition, en particulier française, aux arguments éthiques. Par exemple, à l'automne 2013, l'association L214 avait organisé une campagne de diffusion de vidéos montrant l'abominable traitement des canards gavés pour l'obtention du foie gras. Comme toujours, à chaque fois que des images d'élevage industriel ou d'abattoirs sont diffusées par les médias, ceux qui les voient sont choqués et l'affaire tourne au scandale. Justement, pour s'en faire l'écho, en novembre 2013, la radio Europe 1 organise un débat entre le gastronome susnommé, défenseur du foie gras, et la porte-parole de l'association L214, Brigitte Gothière[71].

Cette dernière commence par rappeler en quoi le gavage des canards s'apparente à de la torture. Le propos, sous forme de réquisitoire bien argumenté, rend difficile la défense du foie gras. Mais, pour préserver ses petits plaisirs, le gastronome de *Marianne* n'a peur de rien, pas même d'utiliser de grosses ficelles. D'abord, avec une bonne dose

---

71. Émission *Europe midi – Votre Journal*, Europe 1, 29 novembre 2013 (accessible sur http://www.europe1.fr, à partir de la minute 53).

de mauvaise foi, il nie que les images révélées par L214 soient représentatives du gavage en général. Il consent qu'il existe parfois des abus, que l'industrialisation de la production pose problème, mais qu'il est possible de fabriquer du foie gras sans faire souffrir d'animaux. Il va même jusqu'à dire que « ce n'est pas parce que c'est en batterie que c'est mal fait » ; ou encore, il n'hésite pas à avancer que « pour que le foie gras soit bon, il faut que l'animal soit heureux ». Ensuite, à court d'argument, il répète en boucle l'appel à la tradition : « Personne ne défend la souffrance animale [mais] le foie gras est une tradition [...] vous ne retirez pas ici la tradition du foie gras [...] on ne va pas changer, c'est notre culture [...] on continuera toujours à manger du foie gras [...] on a une tradition, on a une civilisation [...] vous n'allez pas nous priver de foie gras [...]. On continuera de manger [...] du foie gras parce que c'est notre façon de vivre. » Dommage que Guillaume Meurice n'ait pas été présent pour nous faire rire en soulignant avec humour le caractère pitoyable de ces propos.

La convivialité

L'argument de la tradition existe bien sûr sous des formes moins caricaturales que « la tradition pour la tradition ». Une de ses variantes est l'appel à la convivialité. C'est plus subtil parce qu'il semble plus facile de changer de tradition que de vivre dans un monde sans convivialité. En affirmant qu'il faut préserver cette dernière, il est donc possible de presque tout imposer. C'est du moins ce que croit, là encore, Élisabeth de Fontenay. Par exemple, lors d'un entretien de 2013, elle commence par dire : « Je mange de la viande, assez peu, mais tout en considérant qu'il faudrait ne plus en manger du tout. » Jusque-là, tout va bien, puisqu'elle reconnaît implicitement (par l'emploi de son « il faudrait ») que devenir végétarien est une obligation morale. C'est après que le propos se gâte : « Et, en même temps, c'est là une rupture que je ne veux pas effectuer. Je ne veux ou ne peux franchir le pas et rompre avec la convivialité du repas pris ensemble[72]. » L'argument est surprenant. Pourquoi un repas végétalien ne pourrait-il pas être convivial ?

On pourrait n'y voir qu'une maladresse de la part de Fontenay. Ce n'est pas le cas : elle n'en est pas à son coup d'essai. Six mois plus tôt, elle avait déjà tenu des propos qui allaient dans le même sens, si c'est n'est qu'ils étaient encore plus déroutants. Comme précédemment, cela commençait bien puisqu'elle disait : « [J]e ne suis pas une militante mais une philosophe qui, je le reconnais, n'a pas de raisons philosophiques de continuer à manger de la viande. » Toutefois, ce bon départ ne l'empêcha pas de déraper ensuite : « [Manger de la viande] est pour moi, en réalité, une affaire de sociabilité. J'aurai, dans ma vie, additionné suffisamment de marginalités [ici Fontenay fait référence à ses origines juives] pour ne pas ajouter encore celle-là. Si j'étais végétarienne, je me retrancherais de la communauté des êtres humains, en tout cas de celle de

---

72. Élisabeth DE FONTENAY et Akira MIZUBAYASHI, « Qu'allons-nous faire des animaux ? », *op. cit.*

mes proches. Je n'en ai pas envie du tout[73]. » Voilà de quoi faire peur !

Bien sûr, il n'est pas question d'affirmer qu'il est toujours facile de devenir végétalien dans une société qui consomme en masse des produits d'origine animale. Il faut parfois savoir dire non à des plats que l'on vous propose. Cela peut rendre certaines situations conviviales plus compliquées. Mais il est exagéré de soutenir que devenir végétalien revient à « rompre avec la convivialité du repas » ou à vous retrancher « de la communauté des êtres humains ». D'abord, il y a toutes les fois où vous mangez seul. Là, vous ne rompez avec aucune convivialité puisqu'il n'y en a pas. Après, il y a toutes les fois où c'est vous qui recevez. Là encore, cela ne pose aucun problème en termes de convivialité. Qu'est-ce qui empêche donc Fontenay d'inviter sa famille, ses amis et ses collègues à manger végétalien ? Elle pourrait faire découvrir à ses convives que l'on peut goûter en commun au plaisir de la table sans faire souffrir d'animaux. Enfin, il y a la situation où vous êtes invité. Premier cas de figure, vous prévenez assez tôt que vous êtes végétalien et votre hôte prépare pour vous seul ou pour tous les convives un plat qui correspond à vos exigences éthiques. L'affaire est réglée. Second cas, vous n'avez pas eu le temps de prévenir. Vous refusez donc le ou les plats qui contiennent des produits d'origine animale, histoire de bien faire comprendre votre opposition politique au grand massacre des innocents, et

---

73. Élisabeth DE FONTENAY, « Pour être humain, il faut aimer les hommes et les animaux », *op. cit.*

L'appel à la tradition

votre hôte vous improvise un plat de substitution. Certes, c'est un peu embarrassant puisque cela complique les préparatifs de celui ou celle qui vous invite. Mais, à moins d'être tombé sur quelqu'un de particulièrement obtus, il n'y a aucune raison que le repas ne soit pas un moment de convivialité. Ce refus sera même un bon prétexte pour exposer à vos compagnons de table le problème éthique que pose la consommation de produits d'origine animale. Si le sujet vous tient à cœur, c'est une occasion à ne pas manquer. Qui plus est, ce léger embarras est insignifiant en comparaison avec l'enjeu de la situation. Au-delà de ses grandes déclarations en faveur des animaux, n'est-ce pas finalement une indication que Fontenay se soucie peu des pauvres bêtes que l'on massacre à la chaîne ?

Comme on peut s'y attendre, de par son statut de philosophe reconnue, Fontenay fait des émules. Impossible bien sûr de connaître le nombre de ceux qui s'inspirent de son excuse pour ne pas devenir végétaliens. Mais les dégâts semblent importants. Par exemple, en novembre 2014, la journalise Léa Salamé, dans l'émission très regardée *On n'est pas couché* sur France 2, y fait explicitement référence[74]. L'invité du jour est Franz-Olivier Giesbert qui vient parler de son livre *L'Animal est une personne* (2014). Sur le plateau, après que Giesbert a critiqué le fait que, de nos jours, les animaux sont tués loin des regards, dans des abattoirs où ils sont traités comme des choses, Salamé commence par reconnaître que cela pose effectivement un

74. Émission *On n'est pas couché*, France 2, 11 octobre 2014 (accessible sur https://www.youtube.com).

problème. Contre cette hypocrisie de la société, elle déclare alors qu'« il faut assumer qu'on les tue [les animaux] ». Le propos est stupéfiant puisque assumer la mise à mort d'êtres sensibles qui veulent continuer à vivre ne rend en rien l'acte légitime. Ce n'est pas parce qu'un psychopathe assume ses meurtres, sans regrets et remords, qu'ils s'en trouvent légitimés. Poursuivant, Salamé dit que « l'argument contre le végétarisme [...] qui l'a le plus touché » est celui qui vient de « la mère à tous [les végétariens], à savoir la précurseuse [*sic*], la figure tutélaire du droit des animaux, [...] Élisabeth de Fontenay [*re-sic*] ». Elle cite alors cette philosophe qui répète qu'elle n'est pas « végétarienne pour ne pas rompre avec la tradition de la convivialité ». Sur ce, Aymeric Caron, lui aussi présent sur le plateau, intervient en disant qu'il trouve « que c'est une limite de sa pensée philosophique [qu'il] trouve absolument aberrante ». Ouf ! Mais Giesbert et Salamé le reprennent en disant, pour le premier, qu'il « comprend très bien la pensée d'Élisabeth de Fontenay [parce que lui-même] est pareil » et, pour la seconde, en soutenant comme si c'était une évidence qu'il « y a une convivialité à partager un rôti de bœuf ». Le problème est que, faut-il le lui rappeler, pour préparer ce plat, il a fallu trancher la gorge d'un innocent.

Côté universitaire, les dégâts causés par Fontenay ne semblent pas moins grands, quand on voit que Georges Chapouthier se sert explicitement de son argument de la convivialité pour ne « pas franchir le pas ». Quand il est question des animaux, ce philosophe et biologiste n'est pas n'importe qui. Directeur de recherche émérite au CNRS, il est régulièrement invité à la radio ou par des magazines pour donner son avis sur des questions diverses concernant l'éthique animale dont il apparaît, en France, comme l'un des grands spécialistes. Il est incontestablement en faveur d'une plus grande protection des animaux et critique vertement la façon dont notre société les considère. Par exemple, dans une émission de radio, en 2014, il tient les propos suivants : « Si l'homme voulait bien regarder la façon dont il traite les animaux, il se retirerait couvert de honte ; c'est abominable[75]. » Pour autant, n'allez pas lui demander d'arrêter de les dévorer. Pourquoi ? Parce qu'il n'imagine « pas qu'on puisse rendre toute la population végétarienne d'un coup ». À écouter ces propos, il y a de quoi être surpris. Qui a imaginé une telle chose ? Les militants de la cause animale ne croient pas à la magie : ils savent bien que ce n'est pas d'un coup de baguette magique que la société deviendra végétarienne. Il y aura forcément des étapes ; la première étant de devenir soi-même végétarien ; la seconde, d'inciter ses congénères à le devenir ; la troisième, de demander une loi d'abolition des abattoirs ; et ainsi de suite. Que toute la population ne puisse pas devenir végétarienne d'un coup ne devrait donc pas empêcher Chapouthier de le devenir, s'il se souciait véritablement du sort des animaux. Mais non, ce serait trop lui demander. Il doit probablement ne pas vouloir renoncer à ses petits plaisirs. Une façon de ne pas (se) l'avouer, pour ne pas apparaître trop sans-gêne, consiste

---

75. Émission *Autour de la question* : « Pourquoi l'animal est un sujet ? », RFI, 8 janvier 2014 (accessible sur http://www.rfi.fr).

à recourir explicitement à l'excuse de Fontenay. C'est là que l'on mesure son influence : « Je suis un peu comme Élisabeth de Fontenay, je pense que pour garder des rapports avec mes congénères humains, il faut s'adapter à la société telle qu'elle est. [Et] dans notre société, la viande est conviviale. » Ne revenons pas sur le triste argument de la convivialité. Notons que Chapouthier y ajoute un « il faut s'adapter à la société telle qu'elle est ». La proposition, vu le contexte, est incompréhensible. Chapouthier vient en effet de reconnaître que notre société traitait les animaux de manière abominable. Il ne devrait donc pas chercher à s'adapter à cette société ; il devrait au contraire chercher à la transformer et à ne plus entretenir ce qu'il y a d'abominable dans cette société. Au lieu de cela, avec l'autorité émanant de sa position, Chapouthier laisse entendre à ses nombreux auditeurs qu'il n'y a pas de problème à dévorer des agneaux, des cochonnets ou des veaux. Comment s'étonner ensuite que le nombre de végétaliens n'augmente pas rapidement ?

Le plaisir

Parmi les autres variantes de l'appel à la tradition, il y a la référence au plaisir. Comme le disent souvent les carnivores, la viande ou le fromage, « c'est trop bon ! » Ils ne voient donc pas, disent-ils, comment ils pourraient s'en passer ! Prenons l'exemple du journaliste Éric de La Chesnais, qui s'occupe des questions d'agriculture au *Figaro*. Au printemps 2015, dans un article de ce journal, il relate une campagne d'affichage de l'association L214 contre le lait animal[76]. Celle-ci consiste à placarder dans le métro des affiches où est rappelé que, pour obtenir du lait, il faut enlever définitivement quelques heures après leur naissance les veaux à leur mère. En quelques lignes, La Chesnais rend correctement compte de cette campagne. Rien à dire. Même mieux : félicitons-le d'en avoir rendu compte tant nos contemporains ignorent souvent la cruauté qui se cache derrière les produits laitiers. Le problème est que, à la toute dernière phrase de son article, il ne peut s'empêcher de saborder son message en écrivant : « Mais c'est tellement bon aussi de manger une bonne entrecôte frite saignante ! » Pourquoi ce « cri du ventre », si ce n'est pour dire à ses lecteurs et lectrices que, en dépit de la cruauté qu'impliquent les produits d'origine animale, il n'est pas question de s'en passer, tellement « c'est bon » ?

Le drame est que La Chesnais n'est pas le seul à saper ainsi tout discours sur l'éthique. Par exemple, la même mise en avant du plaisir se retrouve chez Boris Cyrulnik. Cet éthologue et psychiatre est un auteur à succès, vu par certains comme « notre grand psychologue national » et comme quelqu'un qui aurait « toujours été aux avant-postes dans tous les combats pour la protection des animaux[77] ». Il est vrai qu'il s'y intéresse depuis longtemps. De là à dire qu'il cherche à les protéger... Par exemple, en 2013, dans le livre d'entretiens avec Karine Lou Matignon, il

---

76. Éric DE LA CHESNAIS, « Une organisation de défense des animaux dénonce les veaux arrachés à leur mère », *Le Figaro*, 29 mai 2015.
77. Franz-Olivier GIESBERT, « Présentation de Boris Cyrulnik », dans Franz-Olivier GIESBERT (dir.), *Manifeste pour les animaux, op. cit.*, p. 63.

écrit : « [P]lus nous découvrirons et accepterons l'existence d'un monde mental sophistiqué chez les animaux [...], plus notre empathie va nous contraindre à ne plus faire n'importe quoi avec eux. Il est très ennuyeux de découvrir que l'animal possède par exemple des émotions et un monde intime comparables aux nôtres, car cela limite notre pouvoir sur lui, il devient difficile de commettre des actes de violence sur lui[78]. » Pour rebondir sur ces propos, la journaliste lui demande s'il ne va pas être de plus en plus difficile de les consommer. Cyrulnik lui répond clairement : « C'est cela. Plus nous allons développer notre empathie [...], moins nous pourrons les contraindre, les torturer, les tuer [p. 198]. » Puis, il n'hésite pas à souligner l'effet positif de ce changement : « [I] l y aurait moins d'enfants martyrs s'il y avait moins d'animaux torturés, moins de wagons plombés emmenant à la mort les victimes de quelconques dictatures si nous n'avions pas pris l'habitude de fourgons où des bêtes agonisent sans nourriture et sans eau en route vers l'abattoir [p. 222]. » Voilà des propos qui pourraient réjouir les défenseurs des animaux. Malheureusement, ils cachent une bonne dose de tartufferie.

Dans cet entretien, Cyrulnik s'efforce en effet de ne jamais prendre position personnellement sur la consommation de produits d'origine animale. Quand il est confronté à des questions d'éthique, il a une façon très commode de se placer dans le futur. Il dit ainsi que ce sont les découvertes à venir de la richesse des capacités cognitives et

---

78. Boris CYRULNIK, « Les animaux révélés », dans Karine Lou MATIGNON (dir.), *Les Animaux aussi ont des droits, op. cit.*, p. 197.

émotionnelles des animaux qui vont nous obliger à réfléchir à notre consommation. Comme si aucune obligation ne nous incombait dès aujourd'hui ! Là encore, le caractère fuyant de cet intellectuel a une explication toute simple. Il la révèle, par exemple, en mai 2016, lors de l'émission *Thé ou café*, sur France 2. À un moment, la journalise Catherine Ceylac fait écho au scandale des abattoirs de l'hiver 2015-2016 et lui demande si tuer un cochon, dépecer un lapin, ébouillanter un homard sont pour lui des gestes de cruauté. Cyrulnik recourt alors à sa stratégie habituelle qui consiste à répondre en utilisant le futur : « Quand on aura bien compris que les cochons sont intelligents [...], on aura du mal à [les] manger. » Après ces belles paroles qui n'engagent personne aujourd'hui, la journaliste lui demande s'il est végétarien ou même végétalien. Cyrulnik lève enfin le masque et offre pour toute réponse, avec le ton de celui qui s'en lèche les babines : « J'adore la viande ! » Le débat est clos. En somme, le plaisir justifie tout. Vous pouvez affirmer que vous n'avez pas le droit de tuer des animaux et donc, logiquement, de manger de la viande, mais vous pouvez quand même le faire en toute quiétude puisque vous adorez son goût. Qu'importe finalement que des « wagons plombés » continuent à amener « à la mort les victimes de quelconques dictatures ». Quand le plaisir fait la loi, l'éthique passe à la trappe.

Pour ceux qui ne l'auraient pas encore compris, justifier une action uniquement par le plaisir qu'elle procure est plus que problématique. Imaginez un violeur justifiant son acte en disant que « c'est trop bon ». Il serait honnête au sens où c'est bien pour le plaisir que cet acte est censé lui procurer qu'il le commet. Pourtant, son propos serait ignoble parce qu'il ne prendrait pas en compte l'existence de sa victime ou de ses victimes. D'aucuns pourraient refuser cette analogie. Comment comparer un amateur de fromage ou de « bonne viande » et un violeur qui disent tous deux que « c'est trop bon » ? Toutefois, à ceux qui auraient l'indignation facile, il faudrait rappeler que comparaison ne vaut pas identification. Personne ne dit que manger un morceau de fromage ou une « bonne viande » équivaut à commettre un viol. Mais la comparaison a ceci de pertinent qu'elle révèle une analogie dans l'attitude de ceux qui acceptent de faire souffrir des êtres sensibles pour se procurer des petits plaisirs fugaces. Dans les deux cas, c'est pitoyable. C'est pourtant ce que font Éric de La Chesnais, Boris Cyrulnik et tant d'autres intellectuels français.

L'ART DE L'EMBROUILLE

« Aujourd'hui plus que jamais, l'animal est au centre des préoccupations humaines. » Ce constat, relativement juste, est celui que fait le journaliste Théophane Le Méné dans *Le Figaro* en octobre 2014[79]. Malheureusement, ce n'est pas pour s'en réjouir. Il y voit en effet une menace pour l'être humain. Selon lui, il y aurait ainsi « une vraie et une fausse manière d'aimer les animaux. La fausse est exclusive, la vraie inclusive ». Déjà, cette petite phrase est maladroite, puisqu'elle sous-entend qu'on défend les animaux parce qu'on les aime. Or la cause animale est d'abord une question de justice, comme l'est le combat contre la torture, la violence, la discrimination injustifiée, etc. Vous n'avez pas besoin d'aimer en particulier les enfants pour vous opposer à ce qu'on les maltraite. Il n'y a donc pas de raison de penser, comme l'avance ensuite Le Méné, qu'il est « difficilement concevable de célébrer l'humanité de l'animal tout

---

79. Théophane Le Méné, « Les animaux sont-ils des hommes comme les autres ? », *Le Figaro*, 20 octobre 2014 (accessible sur http://www.lefigaro.fr).

en considérant le respect dû à l'homme ». C'est l'inverse : s'indigner de l'injuste sort réservé aux animaux prédispose à s'offusquer de celui dont pourraient être victimes les êtres humains ? Mais, sans avancer d'argument, Le Méné va répéter tout au long de l'article que se soucier des premiers nous détournerait des seconds.

Pour le malheur des animaux, ce journaliste récidive six mois plus tard, toujours dans *Le Figaro*[80]. À l'occasion de la « Journée sans viande », il reproche aux végétaliens d'adopter une « posture accusatoire » qui révèle « une crise de l'humain qu'ils [les végétaliens] fabriquent sous couvert de respect de l'animal, par une tentative d'effacement de la frontière fondamentale qui existe entre l'homme et la bête ». Là encore, Le Méné poursuit sa stratégie de l'embrouille. Oui, les végétaliens accusent leurs concitoyens de consommer encore des produits d'origine animale et d'entretenir ainsi des entreprises qui font terriblement souffrir les animaux. Mais où est le mal ? Non, ils ne cherchent pas à effacer la frontière fondamentale (laquelle, au fait ?) qui existe entre les êtres humains et les autres animaux. Ils se contentent de souligner que leurs différences ne permettent pas d'exclure les seconds du cercle de la moralité. Comment enfin Le Méné peut-il en arriver à penser que l'antispécisme « marque une véritable rupture avec toute civilisation ». Vouloir fonder une société sur des idées de justice, d'altruisme et de compassion est-il vouloir rompre « avec toute civilisation » ? Parfois, il faut arrêter le délire.

---

80. *Id.*, « Journée sans viande : cessons d'être bêtes ! », *Le Figaro*, 19 mars 2015 (accessible sur http://www.lefigaro.fr).

L'imposture intellectuelle des carnivores

Il faut reconnaître que, avec Le Méné, la tâche sera difficile. Après avoir critiqué les végétaliens, il nous livre en effet le fond de sa pensée. Effroyable ! Selon lui, « [a]ttribuer à l'animal un quelconque titre à notre respect est une erreur ». Vous avez bien lu : aucun respect pour les animaux ! Il prétend que cela n'implique pas que l'on peut les maltraiter. Faisant référence à Thomas d'Aquin et Emmanuel Kant, il écrit ainsi que nous ne devons pas « infliger de mauvais traitements à l'animal, non parce que l'animal aurait le droit d'être respecté, mais parce que la cruauté est inhumaine ». Ce rejet des mauvais traitements est bien sûr bienvenu. Malheureusement, cette concession n'est que de la rhétorique abstraite, vide de sens. Comment ne pas voir que, derrière un morceau de viande ou de fromage, il y a de la maltraitance ? Cette nouvelle embrouille s'explique par le caractère totalement sans-gêne de Le Méné, comme il le révèle juste après. Selon lui, l'animal n'a pas à être respecté parce que, « si l'homme est une fin en soi, l'animal ne l'est pas. [...] On ne protège pas une espèce pour une raison absolue mais en fonction d'un calcul de raisons contingentes : équilibre écologique, diversité biologique, patrimoine culturel, etc. » Autrement dit, au-delà des belles références philosophiques pour impressionner le lecteur, cette conception revient à dire que vous pouvez, sans état d'âme, emprisonner, broyer, écorcher, piétiner, frapper, gaver, massacrer autant d'animaux que vous voulez. Il suffit que vous le fassiez, par exemple, pour préserver le patrimoine gastronomique !

Il y a plus important

Incontestablement, le journaliste Théophane Le Méné divague. Ce qui ne l'empêche pas d'être publié dans un grand quotidien national. Il est vrai qu'il est de bon ton en France de se moquer des défenseurs des animaux. Rares sont les journalistes qui, quand ils les évoquent ou les interviewent, n'expriment pas une suspicion vis-à-vis de leur démarche. Par exemple, en octobre 2014, le bouddhiste Matthieu Ricard publie *Plaidoyer pour les animaux* (Allary Éditions, 2014). Personnalité appréciée des médias, il est invité dans de nombreuses émissions de télévision et de radio pour présenter son ouvrage. Pédagogue, il explique patiemment aux différents journalistes, qui semblent tout ignorer du sujet, qu'il faudrait étendre sa bienveillance aux animaux. Or, presque à chaque fois, les journalistes qui l'interrogent essayent de relativiser la portée de sa réflexion en avançant qu'il existe quand même des causes plus importantes.

Par exemple, c'est Anne Sinclair sur Europe 1 qui lui demande s'il « n'a pas envie de crier plus fort [contre les barbaries de l'État islamique en Syrie] que sur les veaux ou vaches et les cochons[81] ». C'est Marc Voinchet sur France Culture, quand Ricard lui dit qu'à l'intérieur des abattoirs « c'est l'enfer », qui s'insurge de ces propos parce qu'il trouve « plus urgent de s'intéresser à l'enfer avec des enfants syriens en ce moment qu'à l'enfer des vaches[82] ». C'est la romancière

---

81. Émission *L'interview d'Anne Sinclair*, Europe 1, 4 octobre 2014, (accessible sur http://www.europe1.fr).
82. Émission *Les matins* : « En attendant l'humanité bienveillante », France Culture, 22 octobre 2014 (accessible sur http://www.franceculture.fr).

Éliette Abécassis sur France 5 qui, occupant pour l'occasion un rôle de journaliste et tout en se disant végétarienne, l'interpelle durement en demandant : « Au moment où les femmes yézidies sont esclavagisées [*sic*], où des centaines de milliers de gens sont tués en Syrie, où les Kurdes vont être massacrés, est-il opportun aujourd'hui de lever la voix pour défendre les animaux ou est-ce qu'on n'est pas là dans une forme de barbarie [...] à s'intéresser aux animaux plutôt qu'aux hommes quand les hommes ont besoin qu'on s'occupe d'eux[83] ? » Et ainsi de suite.

Il y a plusieurs façons de répondre à ce type d'argument. On peut rétorquer que la compassion et le sens de la justice ne se divisent pas : on en a ou on n'en a pas. Par exemple, Ricard aime bien rappeler que son souci des animaux ne l'empêche pas d'œuvrer pour nombre d'œuvres caritatives venant en aide aux êtres humains. Il avance même qu'être sensible à la souffrance des animaux – pas uniquement de son chien ou chat, mais aussi de ceux avec lesquels on n'a pas de lien particulier – inciterait à se préoccuper de celle des humains, comme semblent d'ailleurs le confirmer de nombreuses études empiriques. Du coup, on peut demander, en retour, à ceux qui trouvent indécent de se préoccuper des animaux quand tant d'êtres humains souffrent, ce qu'ils font pour ces derniers. Il y aurait fort à parier que, en général, les carnivores qui ont ainsi l'indignation facile ne font rien de plus que les végétaliens qui, par principe, refusent que l'on fasse souffrir sans nécessité des êtres sensibles (animaux

---

83. Émission *Les Grandes questions*, France 5, 16 octobre 2014 (accessible sur le site de Matthieu Ricard, http://www.matthieuricard.org).

humains et non humains). Indépendamment de leur cas personnel, il faudrait de toute façon qu'ils expliquent en quoi la consommation de foie gras serait utile aux femmes yézidies qui souffrent le martyre ou, inversement, en quoi le refus de planter ses dents dans un morceau de poulet empêcherait de s'intéresser au calvaire des enfants syriens. Enfin, contre ceux qui prétendent qu'« il y a des causes plus importantes », on pourrait également faire remarquer qu'ils n'accusent jamais les amateurs de musique, les passionnés de football, les joueurs de cartes, les collectionneurs de timbres de ne pas se préoccuper assez de la misère humaine. Seuls ceux qui ont, entre autres choses, le souci des animaux ont à souffrir de cette accusation. Ce qui donne à penser que les carnivores qui la portent cherchent, par ce subterfuge, à se dérober à leur propre responsabilité dans la cruelle exploitation des animaux.

Il n'est donc pas indécent de se soucier des animaux, sinon s'occuper de son jardin le serait. En revanche, il l'est de ne pas s'en préoccuper. Mettre du lait de vache dans son café, c'est entretenir une activité professionnelle où on arrache les veaux à leur mère. Déguster des biscuits fait avec des œufs, c'est implicitement réclamer que l'on accroche des poules par les pattes pour les plonger dans des bacs d'eau électrifiés avant de leur trancher la gorge, le tout à la va-vite. Avaler une tranche de jambon, c'est demander que l'on enfonce des couteaux dans la gorge d'êtres sensibles qui tiennent à leur vie. Du coup, quelle ironie de voir tous ces intellectuels carnivores s'indigner de ceux qui trouvent injuste que l'on tue des agneaux par caprice. Eux qui se disent épris de justice, ils approuvent le massacre quotidien de millions d'êtres innocents, rien qu'en France. Pire, ils y participent.

Dans notre société, l'omniprésence de cette exploitation des animaux fait que leur défense acquiert même un statut particulier. En effet, dans la situation actuelle, presque tous les individus qui prétendent vouloir aider les enfants syriens encouragent à chaque repas le massacre de veaux, de poussins et de cochonnets. Déjà, même en admettant qu'il y ait une hiérarchie dans les causes à défendre, pourquoi faudrait-il attendre qu'un problème jugé plus important soit réglé avant de se préoccuper des problèmes jugés moins importants ? Sinon, il n'y aurait pas à s'occuper des chômeurs, des personnes qui ont des problèmes de dos ou des enfants en difficulté scolaire sous prétexte qu'il y a une guerre en Syrie. Mais, ici, la situation est encore plus abracadabrante. En effet, ceux qui estiment qu'il faut se préoccuper d'abord des enfants syriens avant de s'occuper des animaux de rente ont, dans leur très grande majorité, une part de responsabilité dans la misère de ces derniers. C'est comme si des hommes battaient leur femme et s'indignaient qu'on leur en fasse le reproche parce que, selon eux, le problème des femmes battues est quand même moins grave que celui des enfants torturés.

Il y a même une indécence supplémentaire à mépriser les revendications des végétaliens. Pour le dire rapidement, une des grandes différences avec les autres causes est que la cruelle exploitation des animaux est légale. Dans notre société, il y a des pauvres, mais l'État n'agit pas volontairement pour qu'ils le restent ; il y a des handicapés, mais personne ne l'a voulu ; il y a des viols, mais ce crime n'est pas autorisé par la loi ; il y a des femmes battues, mais les auteurs de ces méfaits peuvent aller en prison ; et ainsi de suite. En revanche, l'État français organise, soutien et défend la mise à mort d'un milliard d'animaux terrestres chaque année. Le plus dramatique est que presque tous les Français y participent (en détournant les yeux, quand même). Une telle institutionnalisation de la cruauté a peu d'équivalent. Comment peut-on donc voir la défense des animaux comme on regarde l'aide aux pauvres, aux handicapés, aux victimes de viol ou encore aux femmes battues ? Le caractère institutionnel de cette cruauté transforme l'idéal de justice des responsables politiques et des citoyens de ce pays en une mascarade.

Enfin, le mépris de la cause végétalienne est absurde sur un plan pratique. De fait, en ce qui concerne les Syriens, il est difficile de savoir comment, à titre personnel, on peut les aider à échapper à leurs bourreaux. En revanche, pour les animaux, c'est très facile : il suffit d'arrêter de les manger. Du coup, pour commencer à diminuer la misère de ce monde, il n'y a même pas besoin de donner de l'argent ou de son temps, encore moins d'aller se battre : il suffit de s'abstenir de consommer des produits d'origine animale. Il n'y a pas non plus à s'engager ; il faut juste arrêter de participer au massacre. Voilà pourquoi, tout en continuant à s'occuper de la misère du monde en général, il est temps que tout un chacun arrête d'y contribuer le plus tôt possible. Malheureusement, les Français n'aiment pas qu'on leur donne des leçons de morale.

Pas de leçon de morale

En 2010, la traduction du livre de Jonathan Safran Foer, *Faut-il manger les animaux ?* (2009), paraît en France. Cet ouvrage décrit la situation effroyable des élevages et des abattoirs aux États-Unis. Il ne laisse pas indifférent et, si vous ne l'êtes pas déjà, vous incite à devenir végétalien. En ce sens, c'est un livre qui vous encourage à questionner votre moralité. En janvier 2011, la journaliste Aude Lancelin en fait paraître une analyse dans *Le Nouvel Observateur*. Mais, apparemment gênée par cette dimension moralisatrice, elle tente de saper toute la portée du livre[84].

Ainsi, bien qu'elle n'y soit nullement obligée, Lancelin ne peut s'empêcher de faire référence à la « papesse de la réflexion sur l'animalité en France, la philosophe Élisabeth de Fontenay ». Elle rappelle alors à quel point cette dernière a « toujours manifesté la plus grande méfiance à l'égard des chantres de la « libération animale », comme le philosophe australien Peter Singer ou Gary Francione ». Ce procédé stylistique permet à Lancelin de jeter à bon compte le discrédit sur le mouvement de la libération animale. Si la papesse de la question se méfie des penseurs qui incarnent ce mouvement, n'est-ce pas un signe que ce dernier est problématique ? Pour bien faire passer le message, elle ajoute sans aucune justification que ces « animalistes [...] poussent jusqu'à l'absurde la dénonciation des rapports de domination exercés par l'homme sur ses compagnons à poils et à plumes ». Le lecteur qui découvre ces noms avec

---

84. Aude LANCELIN, « Ces bêtes qu'on abat... », *Le Nouvel Observateur*, 13 janvier 2011 (accessible sur http://bibliobs.nouvelobs.com).

l'article de Lancelin ne peut bien sûr rien comprendre. Il doit imaginer certaines perversités ou dérives de leur part. Or ce que disent simplement Singer et Francione, qui soit dit en passant ne sont pas d'accord sur plein d'aspects de l'éthique animale, est qu'il ne faut pas trancher la gorge d'un agneau quand ce n'est pas nécessaire. Mais Lancelin préfère probablement embrouiller le lecteur.

Elle continue sur sa lancée en faisant référence à Dominique Lestel et Francis Wolff. En s'appuyant sur les réflexions du premier, elle peut ainsi suggérer qu'il y aurait une légitimité à la mise à mort des animaux : « [N]'est-il pas possible de concilier l'idée d'un respect dû aux animaux, et même d'une « dette infinie » à leur égard, pour parler comme Dominique Lestel, avec l'acceptation du destin carnivore de l'homme ? » Comme si la reprise de cette rhétorique creuse (voir chap. 2) n'était pas suffisante, il faut aussi que Lancelin insulte Foer en le traitant de « caricature du jeune bobo urbain, soucieux d'irréprochabilité éthique ». À propos de Wolff, elle écrit que ses travaux ont « montré avec une rare intelligence [*sic*] » que « le long processus d'humanisation par la domestication, l'élevage et le domptage » ont permis à « des civilisations tout à fait carnivores » d'établir avec les animaux un « rapport non dénué d'égards ». En somme, pour Lancelin, si vous ne mangez plus d'animaux, c'est que vous êtes un jeune bobo urbain qui n'a pas compris que l'être humain est carnivore et que l'on peut respecter les animaux dont on tranche la gorge. Pourquoi donc se gêner ?

Tristement, cet article témoigne de l'influence néfaste que peuvent avoir certains universitaires sur la question animale (qu'ils ne viennent pas dire ensuite qu'ils n'ont aucune responsabilité dans l'abomination des abattoirs !). Mais il exprime aussi un rejet étonnant, bien que très courant dans la société, de toute idée de morale et de culpabilité. Lancelin reproche en effet au livre de contenir « quelques sentences ronflantes » et donne comme exemple la phrase suivante : « C'est dans nos assiettes que se trouve l'une des plus grandes chances de vivre selon nos valeurs – ou de les trahir. » Cette désapprobation est étonnante car la phrase n'a rien de ronflant. Elle véhicule explicitement un message très important. Manger n'est pas anodin d'un point de vue éthique. Si vous prétendez ne pas vouloir faire souffrir un animal juste pour votre plaisir et que vous consommez des produits d'origine animale, vous trahissez vos valeurs. Si au contraire vous êtes végétalien, cela montre que vous essayez au moins de vivre suivant ces valeurs. Pourquoi donc ce jugement négatif de Lancelin sur cette phrase ?

Ce n'est pas une question de style, puisqu'il reprend un reproche très souvent adressé aux végétaliens. En l'occurrence, presque à chaque débat sur le sujet, ces derniers se font accuser de vouloir culpabiliser leurs interlocuteurs. Pour que leurs discours soient écoutés, leur fait-on savoir, il faudrait surtout qu'ils ne blâment personne et n'adressent aucun reproche à qui que ce soit. Le grief est surprenant puisque le message en faveur d'une alimentation végétale ne peut pas se passer de cette dimension moralisatrice. C'est une question éthique, non diététique. Si les végétaliens invitent leurs concitoyens à devenir eux aussi végétaliens, c'est bien parce qu'ils leur reprochent de ne pas l'être. Ils veulent donc qu'ils changent. Or ces carnivores ne vont pas modifier leurs comportements s'ils ne sont pas poussés à le faire, s'ils ne ressentent pas une gêne à continuer à consommer des produits d'origine animale, c'est-à-dire s'ils ne culpabilisent pas. De fait, dans une société carnivore, on ne devient pas végétalien sans effort. Il n'y a rien de très difficile, mais il faut quand même savoir dire « non » et réfléchir à des stratégies pour éviter les produits issus de la cruauté. La détermination à devenir végétalien est proportionnelle à la culpabilité que l'on ressent à manger sur le dos des animaux.

Certes, il n'est jamais agréable de discuter avec quelqu'un qui tente de nous faire adopter un mode de vie plus éthique, surtout si cette personne manque de subtilité. Nous n'aimons pas que notre immoralité soit mise à nue. L'idéal serait que notre interlocuteur ne nous donne jamais l'impression qu'il essaye de nous culpabiliser. Nous aurions ainsi l'outrecuidance de penser que la culpabilité se serait développée spontanément en nous. Mais reprocher à un interlocuteur de nous culpabiliser à propos d'un comportement non éthique est un peu comme accuser un messager d'apporter une mauvaise nouvelle. C'est pourtant la stratégie choisie par nombre de carnivores. Plutôt que de se remettre en cause, ils préfèrent reprocher aux végétaliens d'user d'un ton moralisateur dans leurs propos ou de vouloir les culpabiliser.

Même ceux qui se disent d'accord sur le fond, mais qui ne sont pas pour autant végétaliens, leur reproche souvent d'être agressifs, sectaires, intolérants et de donner une mauvaise image de leur cause. Il faudrait qu'ils soient sympas. Tel est le grand impératif de notre temps. Cette exigence est pourtant complètement déplacée. C'est un peu comme si on reprochait aux persécutés de crier trop fort quand ils protestent contre leur misère, aux femmes violées d'être hystériques quand elles témoignent de leur souffrance, aux personnes spoliées d'en faire trop quand elles réclament justice, etc. Reprocher aux victimes, ou à ceux qui parlent en leur nom, de se plaindre d'une façon qui ne serait pas assez policée et respectueuse des bourreaux participe malheureusement d'une peur de remettre en cause l'ordre établi. On critique sur la forme pour ne pas s'engager sur le fond. Voilà pourquoi Lancelin déclare que certaines phrases de Foer sont ronflantes. Elle y perçoit trop bien la dimension moralisatrice. Comme elle se sent prise en défaut et qu'elle ne veut pas changer d'habitude alimentaire, elle décide d'attaquer sur la forme afin d'embrouiller tout le monde. Triste expédient pour ne pas remettre en cause la consommation de produits d'origine animale...

Épilogue. Les débats de demain

De nos jours, la plupart des végétaliens ne le sont pas de naissance, c'est-à-dire qu'ils ne sont pas nés dans une famille végétalienne. Ils le sont devenus un jour quand ils ont compris que la consommation de produits d'origine animale posait un problème éthique et qu'il était facile de s'en passer. Qu'est-ce qui empêcherait les intellectuels français, malgré toute leur résistance actuelle, de finalement en arriver demain à la même conclusion ? Cette transition serait même très bien accueillie. De fait, en raison de leur propre histoire, les végétaliens ne vont pas leur reprocher d'avoir eu un peu de « retard à la détente ». Rétrospectivement, eux aussi se sont inventé des prétextes pour ne pas le devenir au moment où ils commençaient à prendre conscience du problème. Ils ont donc très peu de rancune avec les retardataires. Si, demain, Jean-Pierre Digard, Luc Ferry, Élisabeth de Fontenay, Franz-Olivier Giesbert, Périco Légasse, Dominique Lestel, Michel Onfray, Jocelyne Porcher, Pierre Rabhi, Francis Wolff et tant d'autres reconnaissent qu'il faut en finir avec ces centres d'extermination que sont les abattoirs, ils seront accueillis à bras ouverts par les végétaliens. Tous ensemble, ils pourront partager un grand moment de convivialité autour d'un bon repas ne contenant aucun produit d'origine animale, heureux de pouvoir enfin unir leurs forces pour bousculer une population française encore enfermée dans ses traditions.

L'abolition en marche

Il y a de multiples raisons d'espérer que cette transition s'opère dans un avenir proche. D'abord, la force des arguments en faveur du végétalisme n'a jamais été aussi probante. Des intellectuels ne devraient donc plus pouvoir y être insensibles pendant longtemps. Ensuite, la cause animale touche chaque jour de nouvelles personnes. Or les idées fortes sont contagieuses et influencent même ceux qui s'en protègent. Une des plus belles manifestations de ce réveil des consciences vient d'ailleurs de certains éleveurs. Pendant des années, ils ont conduit à l'abattoir des milliers d'animaux. C'était leur métier. Ils l'aimaient, comme ils aimaient les bêtes dont ils s'occupaient. Puis, un jour, un rouage de cette belle routine de la vie et de la mort s'est cassé. Parfois, c'est le regard d'un animal montant dans le camion qui les a troublés, comme s'il voulait leur dire quelque chose. Mais, souvent, il n'y a pas eu de raison particulière, juste l'accumulation des bêtes au destin brisé qui commençait à peser. Alors, une gêne a commencé à poindre et a fait naître une question toute simple : pourquoi vivre de la mort des autres quand ce n'est pas nécessaire ? Ne pouvant y répondre, leur travail est devenu de plus en plus difficile au point qu'ils ont décidé d'y mettre un terme et, ressentant la nécessité d'aller jusqu'au bout de la logique de leur nouvelle façon de penser, ils sont devenus végétaliens. Certains sont même devenus des militants de la cause[85].

Si des éleveurs peuvent devenir végétaliens, pourquoi les intellectuels carnivores ne pourraient-ils pas le devenir eux aussi ? Jusqu'à preuve du contraire, ils ne sont pas plus stupides que ces éleveurs et, comme on dit, il n'y a que les c... qui ne changent pas d'avis. Demain, en ce qui concerne les animaux, tout peut donc changer dans la société. Jean-Pierre Digard, Luc Ferry et Élisabeth de Fontenay écriront des articles et des livres pour montrer qu'une société moderne se doit de rompre avec la tradition carnivore. Périco Légasse invitera les lecteurs de *Marianne* à ne plus consommer de produits obtenus par la cruelle exploitation des animaux. Dominique Lestel écrira un livre d'anthropologie dans lequel il montrera que la société humaine progresse morale-ment quand elle cherche à diminuer la cruauté de ce monde. Michel Onfray mettra enfin ses actes en accord avec ses pensées et interdira, au sein de son « Université Populaire du goût », tout produit d'origine animale. Jocelyne Porcher répandra autour d'elle la bonne nouvelle que l'on peut aimer les animaux sans leur trancher la gorge. Franz-Olivier Giesbert murmurera à l'oreille des politiciens et aux grands patrons de la presse que l'exploitation des animaux

---

85. Il existe de multiples témoignages de ce type de « conversion ». Voir par exemple Dominic HOFBAUER, « Quand l'amour est (vraiment) dans le pré », *HuffPost C'est la vie*, 10 novembre 2014 (accessible sur http://www.huffing-tonpost.fr).

doit être bannie de la société. Pierre Rabhi prêchera à tous les adeptes de la modération que consommer du lait, des œufs et de la viande est pire que d'encourager l'agriculture industrielle. Quant à Francis Wolff, il ira à la rencontre de ses confrères philosophes pour leur montrer qu'il est nécessaire de mettre un terme au grand massacre des innocents. Avec ce réveil des intellectuels, l'opinion publique se tournera massivement vers le végétalisme. Puis, obligés de s'adapter à l'air du temps, les parlementaires finiront par voter l'abolition des abattoirs, de la chasse et de la pêche. Une page de l'histoire se tournera...

Dans le même temps, il faudra bien sûr organiser la reconversion d'un secteur important de l'économie. Des personnes, notamment les éleveurs, les pêcheurs et ceux qui travaillent dans les abattoirs, vont devoir changer d'emploi. Pour la même raison, des pans entiers de l'industrie agroalimentaire vont devoir être abandonnés. L'agriculture qui dépend en partie de produits d'origine animale sera également amenée à se réformer. Le commerce, relevant de la petite et grande distribution, ou même de l'international, sera lui aussi touché, comme le seront de multiples activités qui gravitent autour de l'exploitation des animaux. Bref, cette abolition des abattoirs, de la pêche et de la chasse s'accompagnera d'une grande transformation de la société. Il faut bien sûr éviter qu'il y ait des perdants. La faute est en effet collective. Ce ne sont pas les éleveurs ou les travailleurs des abattoirs qui sont responsables de la misère des bêtes. Toute la société est complice. Il revient donc à l'État de prendre en charge les petites mains qui auraient à souffrir de cette reconversion. Concrètement, des indemnités devront être versées en fonction des préjudices subis. Mais il n'y a aucune raison de penser qu'une telle reconversion sera difficile. Il faudra bien continuer à fournir de la nourriture à la population. Il sera nécessaire de cultiver, transporter, transformer et commercialiser l'alimentation d'origine végétale. Ce secteur va ainsi pouvoir créer rapidement beaucoup d'emplois. Il a de l'avenir. Il est l'avenir. Autant dire que cette révolution morale ne sera pas si compliquée à accomplir dès que l'on se mettra à y réfléchir...

Vivre avec les animaux

Cette réflexion sur les modalités pratiques de l'abolition des abattoirs, de la pêche et de la chasse n'est qu'un début. Cette abolition ne résout en effet pas toutes les questions relatives à nos rapports aux animaux. Une fois accepté le principe de non-cruauté, il y a toujours de nombreuses situations où la démarche à suivre n'est pas claire au premier abord. Par exemple, que faire avec son chat qui aime chasser les souris ou les oiseaux ? Quelle attitude adopter à l'égard des rats qui élisent domicile dans nos villes ? Doit-on intervenir pour que les gazelles ne se fassent pas dévorer vivantes par des lions, tigres ou guépards ? Etc. Ces quelques questions illustrent bien les difficultés qu'il y a à définir les relations que nous devons entretenir avec les animaux qui cohabitent avec nous sur terre. En somme, une fois compris que l'on ne doit pas les exploiter et être cruels avec eux, comment vivre avec les animaux ?

Souvent, dans les mouvements de la protection animale, on entend dire qu'il faudrait laisser les animaux vivre en paix, en interférant le moins possible avec eux. L'idée est qu'ils ne sont jamais aussi épanouis que lorsqu'ils vivent dans leur milieu naturel. La pertinence de cette approche est toutefois discutable. Dans la nature, c'est-à-dire là où l'être humain n'intervient pas, les animaux sauvages souffrent beaucoup. Peut-on vraiment considérer que cette souffrance ne nous concerne pas ? Imaginez que, lors d'une promenade à la campagne, vous tombiez nez à nez avec une biche blessée, incapable de se mouvoir. Allez-vous l'achever à coups de pied ? Allez-vous la laisser mourir sur place ? Ou allez-vous appeler les services vétérinaires pour qu'ils prennent soin d'elle ? Il y a fort à parier que vous allez avoir envie de la sauver. La raison est que, au fond de vous-même, vous ressentez une obligation morale d'aider un animal qui souffre.

Bien sûr, cette biche n'est pas dans la situation des gazelles qui se font dévorer. On ne peut pas aider ces dernières sans nuire aux prédateurs qui s'en nourrissent. Ce n'est pas qu'il ne faudrait pas les aider. Mais il est plus délicat de le faire si c'est au détriment des seconds. Il semble qu'il y aura ainsi toujours une quantité faramineuse d'animaux à se faire dévorer vivants. C'est la cruauté de la nature. Il nous faut vivre avec. Cela ne doit pas nous empêcher d'intervenir ici où là, quand nous en avons les moyens et que notre aide n'a pas d'effet indésirable. Il y a ainsi toute une réflexion à entreprendre pour savoir comment atténuer la cruauté de ce monde. La façon dont nous devons vivre avec les animaux est donc une problématique ouverte qui attend ses penseurs.

Reste une certitude : il n'est plus question de délibéré-
ment faire souffrir et tuer des animaux, juste par caprice.
Il est donc urgent que les intellectuels arrêtent de soutenir
toutes les pratiques qui participent de cette cruauté gratuite.
En particulier, il est temps qu'ils réclament l'abolition des
abattoirs, de la chasse et de la pêche...

Remerciements

J'ai hésité à écrire ce livre. Il y avait peut-être mieux à faire que de dresser la longue liste des bêtises proférées par des « intellectuels » français à l'encontre des végétaliens. Mais deux raisons m'ont incité à dépasser ma réticence. D'abord, devant l'effroyable réalité des abattoirs, il m'a paru urgent de dénoncer la responsabilité de ces « intellectuels » dans ce massacre, quitte à recourir à la forme du pamphlet pour que la démarche ait plus d'écho. En la matière, la fin a justifié la forme. Ensuite, la lecture de critiques, à la fois cinglantes et argumentées, contre certains de ces intellectuels m'a persuadé que l'exercice pouvait être instructif. Lire la déconstruction d'une idéologie est toujours roboratif. Aussi ai-je pensé que je pouvais éventuellement faire œuvre utile en poursuivant et en complétant ce travail de sape.

Parmi les critiques des « intellectuels » carnivores qui m'ont inspiré et beaucoup appris à réfléchir, citons celles écrites par Yves Bonnardel, David Chauvet, Valéry Giroux, Renan Larue, David Olivier, Estiva Reus, Pierre Sigler et

Enrique Utria. Je tiens donc à remercier chaleureusement ces auteurs. Ils sont la preuve que le titre d'intellectuel peut être louable. Enfin, ce livre aurait certainement été moins pertinent si David Chauvet, Renan Larue et David Olivier n'avaient pas relu une première version du manuscrit. Du coup, je leur adresse un grand merci supplémentaire. Il va de soi que les erreurs et maladresses que j'aurais laissées dans le texte sont de ma seule responsabilité. Qu'il me soit juste permis d'espérer que les carnivores n'en tireront pas prétexte pour continuer à justifier des massacres d'un autre temps...

Table des matières

Prologue. De la responsabilité des intellectuels..............9

L'oubli de l'éthique..............17
L'excuse de la supériorité humaine..............18
Une contradiction de complaisance..............25
L'appel à la cruauté..............29
Une cruelle arrogance..............35

Les apologistes du meurtre..............39
Triste défense de la cruauté..............41
L'imposture du don de la vie..............48

Les négationnistes des droits..............59
La référence à la liberté humaine..............60
Les droits et les devoirs..............67
Le relativisme moral..............72

Les nouveaux Tartuffe..............77
Craquer devant une salade de poulet..............79
Le colibri carnivore..............82
Le végétarien ami des bouchers..............85

La stratégie de l'évitement **89**

L'art de se défiler...91

Des paroles et des actes 96

La disparition des animaux 101

L'appel à la tradition **105**

La tradition culinaire..107

La convivialité...109

Le plaisir 115

L'art de l'embrouille..**121**

Il y a plus important 124

Pas de leçon de morale 129

Épilogue. Les débats de demain...........................**135**

L'abolition en marche..136

Vivre avec les animaux......................................139

Remerciements...**143**